1) *L.* 53. *D. de adqu. rer. dom,* (*XLI.* 1.) (*Modestin.*) Ea quae civiliter adquiruntur, per eos, qui in potestate nostra sunt, adquirimus: veluti stipulationem; quod naturaliter adquiritur, sicuti est possessio, per quemlibet volentibus nobis possidere adquirimus.

1 a) *L.* 7. *ʃʃ.* 4. *D. de except. rei jud.* (*XLIV.* 2.) (*Ulp.*) Et generaliter, ut Julianus definit, exceptio rei judicatae obstat, quotiens inter easdem personas eadem quaestio revocatur, vel alio genere judicii. Et ideo, si hereditate petita singulas res petat, vel singulis rebus petitis hereditatem petat, exceptione summovebitur.

2) *L.* 14. *ʃʃ.* 2. *D. eod.* (*XLIV.* 2.) (*Paulus.*) Actiones in personam ab actionibus in rem hoc differunt: quod cum eadem res ab eodem mihi debeatur, singulas obligationes singulae causae sequuntur, nec ulla earum alterius petitione vitiatur; at cum in rem ago, non expressa causa, ex qua rem meam esse dico, omnes causae una petitione adprehenduntur: neque enim amplius quam semel res mea esse potest: saepius autem deberi potest.

3) *L.* 11. *ʃʃ.* 5. *D. eod.* (*XLIV.* 2.) (*Ulp.*) Itaque adquisitum quidem postea dominium aliam causam facit, mutata autem opinio petitoris non facit. Utputa opinabatur ex causa hereditaria, se dominium habere: mutavit opinionem, et coepit putare ex causa donationis: haec res non parit petitionem novam: nam qualecunque et undecunque dominium adquisitum habuit, vindicatione prima in judicium deduxit.

4) *L.* 3. *C. de praescript.* 30. *vel* 40. *ann.* (*VII.* 39.) (*Honor. et Theodos.*) . . . . Quae ergo antea non motae sunt actiones, triginta annorum jugi silentio, ex quo jure competere coeperunt, vivendi ulterius non habeant facultatem . . . . . . non sexus fragilitate, non absentia, non militia contra hanc legem defendenda, sed pupillari aetate duntaxat, quamvis sub tutoris defensione consistat, huic eximenda sanctioni. Nam cum ad eos annos pervenerint, qui ad sollicitudinem pertinent curatoris, ne-

cessario eis similiter ut aliis, annorum triginta intervalla servanda sunt.

5) *L*. 5. *C*. *In quib. caus. in int. rest.* (*II*. 41.) (*Justinian.*) Sancimus favore imperfectae aetatis, exceptionem non numeratae pecuniae ab initio minoribus non currere: ne, dum in integrum restitutionem exspectamus, vel aliquod emergat obstaculum, per quod hujusmodi beneficio minor uti non possit, vel substantia ejus subvertatur. Sed humanius est, latius eandem legis interpretationem extendere, in omnibus casibus, in quibus vetera jura currere quidem temporales praescriptiones adversus minores concesserunt, per in integrum autem restitutionem eis subveniebant, eas ipso jure non currere: melius etenim intacta eorum jura servari, quam post causam vulneratam remedium quaerere: videlicet exceptionibus triginta vel quadraginta annorum in suo statu remanentibus.

6) *L*. 3. *ʃʃ*. 4. *D*. *de Sc. Maced.* (*XIV*. 6.) (*Ulpian.*) Si a filio familias stipulatus sim, et patri familias facto crediderim, sive capite deminutus sit, sive morte patris, vel alias sui juris sine capitis deminutione fuerit effectus, debet dici cessare Senatusconsultum: quia mutua jam patri familias data est.

7) *ʃʃ*. 3. 4. *J*. *de cap. deminut.* (*I*. 16.) Minima capitis deminutio est, cum et civitas et libertas retinetur, sed status hominis commutatur. Quod accidit in his, qui cum sui juris fuerunt, coeperunt alieno juri subjecti esse, vel contra. Servus autem manumissus, capite non minuitur, quia nullum caput habuit.

8) *L*. 3. *pr*. *ʃʃ*. 1. *D*. *de cap. minut.* (*IV*. 5.) (*Paulus.*) Liberos, qui adrogatum parentem sequuntur, placet minui caput cum in aliena potestate sint, et cum familiam mutaverint. Emancipato filio, et ceteris personis capitis minutio manifesto accidit: cum emancipari nemo possit, nisi in imaginariam servilem causam deductus. Aliter atque cum servus manumittitur: quia servile caput nullum jus habet: ideo nec minui potest.

9) *L*. 4. *ʃʃ*. 3. *D*. *de in jus voc.* (*II*. 4.) (*Ulp.*) Parentes etiam eos accipi Labeo existimat, qui in servitute susceperunt: nec tamen, ut Severus dicebat, ad solos justos liberos, sed et si vulgo quaesitus sit filius, matrem in jus non vocabit. L. 5. (Paul. lib. 4. ad ed.) Quia semper certa est, etiamsi vulgo conceperit: pater vero is est, quem nuptiae demonstrant.

10) *L*. 2. *pr*. *D*. *de obsequ. par.* (*XXXVII*. 15.) (*Julian.*) Honori parentium ac patronorum tribuendum est, ut quamvis per procuratorem judicium accipiant, nec actio de dolo, aut injuriarum in eos detur; licet enim verbis Edicti non habeantur infames ita

condemnati, re tamen ipsa et opinione hominum non effugiunt infamiae notam.

11) *L.* 27. *C. de inoff. test.* (*III.* 28.) (*Constantinus.*) Fratres vel sorores uterini, ab inofficiosi actione contra testamentum fratris, vel sororis penitus arceantur: consanguinei autem, durante agnatione, vel non, contra testamentum fratris sui, vel sororis, de inofficioso quaestionem movere possunt, si scripti heredes infamiae, vel turpitudinis, vel levis notae macula adspergantur: vel liberti, qui perperam, et non bene merentes, maximisque beneficiis suum patronum adsecuti, instituti sunt: excepto servo necessario herede instituto.

12) *L.* 103. *D. de verb. sign.* (*L.* 16.) (*Modestinus.*) Licet capitalis latine loquentibus omnis causa existimationis videatur, tamen appellatio capitalis, mortis, vel amissionis civitatis intelligenda est.

13) *L.* 161. *D. de reg. juris.* (*L.* 17.) (*Ulp.*) In jure civili receptum est, quotiens per eum, cuius interest, condicionem non impleri, fiat, quo minus impleatur, perinde haberi, ac si impleta condicio fuisset, quod ad libertatem et legata, et ad heredum institutiones perducitur: quibus exemplis stipulationes quoque committuntur, cum per promissorem factum esset, quo minus stipulator condicioni pareret.

14) *L.* 24. *D. de condicion.* (*XXXV.* 1.) (*Julianus.*) Jure civili receptum est, quotiens per eum, cuius interest condicionem impleri, fit quo minus impleatur: ut perinde habeatur, ac si impleta condicio fuisset. Quod plerique et ad legata et ad heredum institutiones perduxerunt. Quibus exemplis stipulationes quoque committi quidam recte putaverunt, cum per promissorem factum esset, quo minus stipulator condicioni pareret.

15) *L.* 9. *D. de rei vind.* (*VI.* 1.) (*Ulp.*) Officium autem iudicis in hac actione in hoc erit, ut judex inspiciat, an reus possideat. Nec ad rem pertinebit, ex qua causa possideat: ubi enim probavi rem meam esse, necesse habebit possessor restituere, qui non objecit aliquam exceptionem. Quidam tamen, ut Pegasus, eam solam possessionem putaverunt hanc actionem complecti, quae locum habet in interdicto uti possidetis, vel utrubi. Denique ait, ab eo, apud quem deposita est vel commodata, vel qui conduxerit, aut legatorum servandorum causa, vel dotis, ventrisve nomine in possessione esset, vel cui damni infecti nomine non cavebatur, quia hi omnes non possident, vindicari non posse. Puto autem, ab omnibus qui tenent, et habent restituendi facultatem, peti posse.

16) *L.* 3. *ſ.* 15. *D. ad exhib.* (*X.* 4.) (*Ulp.*) Sciendum est, adversus possessorem hac actione agendum: non solum eum, qui civiliter, sed et eum, qui naturaliter incumbat possessioni. Denique creditorem, qui pignori rem accepit, ad exhibendum teneri placet.

17) *L.* 16. *D. de usurp.* (*XLI.* 3.) (*Javolenus.*) Servi nomine, qui pignori datus est, ad exhibendum cum creditore, non cum debitore, agendum est: quia qui pignori dedit, ad usucapionem tantum possidet: quod ad reliquas omnes causas pertinet, qui accepit, possidet: adeo ut addici possit et possessio eius, qui pignori dedit.

18) *L.* 26. *pr. D. de don. inter vir. et uxor.* (*XXIV.* 1.) (*Paulus.*) Si eum, qui mihi vendiderit, jusserim eám rem uxori meae donationis causa dare, et is possessionem jussu meo tradiderit, liberatus erit: quia licet illa jure civili possidere non intelligatur, certe tamen venditor nihil habet, quod tradat.

19) *L.* 1. *ſ.* 9. 10. *D. de vi.* (*XLIII.* 16.) (*Ulp.*) Dejicitur is, qui possidet, sive civiliter, sive naturaliter possideat: nam et naturalis possessio ad hoc interdictum pertinet. Denique et si maritus uxori donavit, eaque deiecta sit: poterit interdicto uti: non tamen, si colonus.

20) *L.* 1. *ſ.* 2. *D. pro donato.* (*XLI.* 6.) (*Paulus.*) Si inter virum et uxorem donatio facta sit, cessat usucapio. Item si vir uxori rem donaverit, et divortium intercesserit, cessare usucapionem, Cassius respondit: quoniam non possit causam possessionis sibi ipsa mutare: alias ait, post divortium ita usucapturam, si eam maritus concesserit, quasi nunc donasse intelligatur. Possidere autem uxorem rem a viro donatam, Julianus putat.

21) *L.* 18. *pr. D. de adqu. vel amitt. poss.* (*XLI.* 2.) (*Celsus.*) Quod meo nomine possideo, possum alieno nomine possidere: nec enim muto mihi causam possessionis, sed desino possidere, et alium possessorem ministerio meo facio: nec idem est possidere, et alieno nomine possidere. Nam possidet, cujus nomine possidetur. Procurator alienae possessioni praestat ministerium.

22) *L.* 153. *D. de R. J.* (*L.* 17.) (*Paulus.*) Fere quibuscunque modis obligamur, hisdem in contrarium actis liberamur: cum quibus modis adquirimus, hisdem in contrarium actis amittimus. Ut igitur nulla possessio adquiri, nisi animo, et corpore potest: ita nulla amittitur, nisi in qua utrumque in contrarium actum.

23) *L.* 1. *C. de adquir. poss.* (*VII.* 32.) (*Severus et Antoninus.*) Per liberam personam ignoranti quoque acquiri possessionem, et postquam scientia intervenerit, usucapionis conditionem

inchoari posse, tam ratione utilitatis, quam juris prudentia receptum est.

24) *L.* 3. *ff.* 13. *D. de adqu. vel amitt. poss.* (*XLI.* 2.) (*Paulus.*) Nerva filius, res mobiles, excepto homine, quatenus sub custodia nostra sint, hactenus possideri: id est, quatenus si velimus, naturalem possessionem nancisci possimus. Nam pecus simul atque aberraverit, aut vas ita exciderit, ut non inveniatur, protinus desinere a nobis possideri, licet a nullo possideatur: dissimiliter atque si sub custodia mea sit, nec inveniatur: quia praesentia ejus sit, et tantum cessat interim diligens inquisitio.

25) *L.* 6. *D. de usurp.* (*XLI.* 3.) (*Ulp.*) In usucapionibus non a momento ad momentum, sed totum postremum diem computamus.

26) *L.* 7. *eod.* (*Ulp.*) Ideoque qui hora sexta diei Kalendarum Januariarum possidere coepit, hora sexta noctis pridie Kalendas Januarias implet usucapionem.

27) *L.* 5. *D. qui testam. fac.* (*XXIIX.* 1.) (*Ulp.*) A qua aetate testamentum vel masculi vel feminae facere possunt, videamus? Verius est, in masculis quidem quartum decimum annum spectandum, in feminis vero duodecimum completum. Utrum autem excessisse debeat quis quartum decimum annum, ut testamentum facere possit: an sufficit complesse? Propone aliquem Kalendis Januariis natum, testamentum ipso natali suo fecisse quartodecimo anno: an valeat testamentum? Dico valere. Plus arbitror, etiam si pridie Kalendarum fecerit post sextam horam noctis, valere testamentum: jam enim complesse videtur annum quartum decimum, ut Marciano videtur.

28) *L.* 2. *D. de div. temp. praescr.* (*XLIV.* 3.) (*Marcellus.*) In tempore constituto judicatis, an intercalaris dies proficere judicato, nec ne debeat, quaeritur: item de tempore, quo lis perit? Sic sine dubio existimandum est, ut auctum litis tempus intercalari die existimetur: veluti si de usucapione sit quaestio, quae tempore constituto expleri solet: aut de actionibus, quae certo tempore finiuntur, ut aediliciae pleraeque actiones: et si quis fundum ea lege vendiderit, ut nisi in diebus triginta pretium esset solutum, inemptus esset fundus, dies intercalaris proficiet tempori: mihi contra videtur.

29) *L.* 61. *D. de pactis.* (*II.* 14.) (*Pompon.*) Nemo paciscendo efficere potest, ne sibi locum suum dedicare liceat: aut ne sibi in suo sepelire mortuum liceat: aut ne vicino invito praedium alienet.

30) *L.* 3. *C. de cond. ob caus. dat.* (*IV.* 6.) (*Valerian. et Gallien.*) Ea lege in vos collata donatio, ut neutri alienandae

suae portionis facultas ulla competeret, id efficit, ne alteruter vestrum dominium prorsus alienet; vel ut donatori, vel ejus heredi condictio, si non fuerit conditio servata, quaeratur.

31) *L.* 48. *D. de pactis.* (*II.* 14.) (*Gajus.*) In traditionibus rerum quodcunque pactum sit, id valere manifestissimum est.

32) *L.* 7. *§.* 2. *D. de distr. pign.* (*XX.* 5.) (*Marcian.*) Quaeritur, si pactum sit a creditore, ne liceat debitori hypothecam vendere, vel pignus, quid juris sit: et an pactio nulla sit talis, quasi contra jus sit posita: ideoque venire possit? Et certum est, nullam esse venditionem, ut pactioni stetur.

33) *L.* 7. *C. de reb. alienis non alien.* (*IV.* 51.) (*Justinianus.*) Sancimus, sive lex alienationem inhibuerit, sive testator hoc fecerit, sive pactio contrahentium hoc admiserit, non solum dominii alienationem, vel mancipiorum manumissionem esse prohibendam, sed etiam ususfructus dationem, vel hypothecam, vel pignoris nexum penitus prohiberi. Similique modo et servitutes minime imponi, nec emphyteuseos contractum, nisi in his tantummodo casibus, in quibus constitutionum auctoritas, vel testatoris voluntas, vel pactionum tenor, qui alienationem interdixit, aliquid tale fieri permiserit.

34) *L.* 66. *D. de rei vind.* (*VI.* 1.) (*Paulus.*) Non ideo minus recte quid nostrum esse vindicabimus, quod abire a nobis dominium speratur, si condicio legati vel libertatis exstiterit.

35) *L.* 41. *pr. eod.* (*Ulpianus.*) Si quis hac lege emerit, ut si alius meliorem condicionem attulerit, recedatur ab emptione, post allatam conditionem, iam non potest in rem actione uti. Sed et si cui in diem addictus sit fundus, antequam adiectio sit facta, uti in rem actione potest: postea non poterit.

36) *L.* 31. *D. de pign.* (*XX.* 1.) (*Scaevola.*) Lex vectigali fundo dicta erat, ut, si post certum temporis vectigal solutum non esset, is fundus ad dominum redeat: postea is fundus a possessore pignori datus est. Quaesitum est, an recte pignori datus est? Respondit, si pecunia intercessit, pignus esse. Item quaesiit, si cum in exsolutione vectigalis tam debitor, quam creditor, cessassent, et propterea pronuntiatum esset, fundum secundum legem domini esse, cujus potior causa esset? Respondit, si, ut proponeretur, vectigali non soluto, iure suo dominus usus esset, etiam pignoris jus evanuisse.

37) *L.* 23. *§.* 2. *D. de rei vind.* (*VI.* 1.) (*Paulus.*) Si quis rei suae alienam rem ita adiecerit, ut pars eius fieret: veluti, si quis statuae suae brachium aut pedem alienum adiecerit, aut scypho ansam vel fundum, vel candelabro sigillum, aut mensae pe-

dem, dominum eius totius rei effici, vereque statuam suam dicturum, et scyphum, plerique recte dicunt.

38) *L.* 23. *ff.* 5. *eod.* (*Paulus.*) Item quaecumque aliis juncta, sive adiecta, accessionis loco cedunt, ea quamdiu cohaerent, dominus vindicare nonpotest: sed ad exhibendum agere potest, ut separentur, et tunc vindicentur: . . . , . in his corporibus, quae ex distantibus corporibus essent, constat singulas partes retinere suam propriam specem: ut singuli homines, singulae oves: ideoque posse me gregem vindicare, quamvis aries tuus sit immixtus: sed et te arietem vindicare posse. Quod non idem in cohaerentibus corporibus evenerit: nam si statuae meae brachium alienae statuae addideris, non posse dici bracchium tuum esse: quia tota statua uno spiritu continetur.

39) L. 6. *D. ad exhib.* (*X.* 4.) (*Paulus.*) Gemma inclusa auro alieno, vel sigilum candelabro, vindicari non potest; sed ut excludatur, ad exhibendum agi potest. Aliter atque in tigno juncto aedibus: de quo necad exhibendum agi potest, quia lex duodecim tabularum solvi vetaret; sed actione de tigno juncto ex eadem lege in duplum agitur.

40) *L.* 80. *D. d rei vind.* (*VI* 1.) (*Furius Anthianus.*) In rem actionem pati non compellimur: quia licet alicui dicere, se non possidere: ita ut si possit adversarius convincere, rem ab adversario possideri; transferat ad se possessionem per iudicem, licet suam esse non approbaverit.

41) *L.* 25. *eod. Ulp.*) Is qui se obtulit rei defensioni sine causa, cum non possideret, nec dolo fecisset, quo minus possideret, si actor ignoret, non est absolvendus, ut Marcellus ait, quae sententia vera est: sed hoc post litem contestatam. Ceterum ante judicium acceptum non decipit actorem, qui se negat possidere, cum vere non posideret: nec videtur se liti obtulisse, qui discessit.

43) *L.* 68. *eod. Ulp.*) Qui restituere jussus, judici non paret, contendens non posse restituere, si quidem habeat rem, manu militari, officio judici, ab eo possessio transfertur; et fructuum dumtaxat, omnisque causae nomine condemnatio fit. Si vero non potest restituere, siquidem dolo fecit, quo minus possit, is quantum adversarius in litem sine ulla taxatione in infinitum juraverit, damnandus est. Si vero nec potest restituere, nec dolo fecit, quo minus possit, non pluris, quam quanti res est, id est, quanti adversarii interfuit, condemnandus est. Haec sententia generalis est, et ad omnia, sive interdicta, sive actiones in rem, sive in personam sunt, ex quibus arbitratu judicis quid restituitur, locum habet.

43) *L. 46. D. de rei vind. (VI. 1.) (Paul.)* Eius rei, quae per in rem actionem petita tanti aestimata est, quanti in litem actor juraverit, dominium statim ad possessorem pertinet: transegisse enim cum eo et decidisse videor eo pretio, quod ipse constituit.

44) *L. 47. eod. (Paul.)* Haec si res praesens sit: si absens, tunc cum possessionem ejus possessor nanctus sit, ex voluntate actoris: et ideo non est alienum, non aliter litem aestimari a judice, quam si caverit actor, quod per se non fiat, possessionem ejus rei non traditum iri.

45) *L. 18. eod. (Gajus.)* Si post acceptum judicium possessor usu hominem cepit, debet eum tradere, eoque nomine de dolo cavere: periculum est enim, ne eum vel pigneraverit, vel manumiserit.

46) *L. 36. pr. §. 1. eod. (Gajus.)* Qui petitorio judicio utitur, ne frustra experiatur, requirere debet, an is, cum quo instituat actionem, possessor sit, vel dolo desiit possidere. §. 1. Qui in rem convenitur, etiam culpae nomine condemnatur. Culpae autem reus est possessor, qui per insidiosa loca servum misit, si is periit: et qui servum a se petitum, in arena esse concessit, et is mortuus sit: sed et qui fugitivum a se petitum non custodit, si is fugit: et qui navem a se petitam adverso tempore navigatum misit, si ea naufragio perempta est.

47) *L. 23. D. de reb. cred. (XII. 1.) (Africanus.)* Si eum servum, qui tibi legatus sit, quasi mihi legatum possederim, et vendiderim, mortuo eo, posse te mihi pretium condicere, Julianus ait: quasi ex re tua locupletior factus sim.

48) *L. 1. C. de reb. alien. non alien. (IV. 51.) (Alexander.)* Si praesidi provinciae probatum fuerit, Julianum nullo jure munitum servos tuos scientibus vendidisse: restituere tibi emptores servos jubebit. Quod si ignoraverint, et eorum facti sunt, pretium eorum Julianum tibi solvere jubebit.

49) *L. 22. C. de rei vind. (III. 32.) (Diocl. et Maxim.)* Certum est, malae fidei possessores omnes fructus solere cum ipsa re praestare: bonae fidei vero, exstantes: post autem litis contestationem, universos.

50) *§. 2. J. de off. judicis (IV. 17.)* . . . . Et si hereditas petita sit: eadem circa fructus interveniunt, quae diximus intervenire in singularum rerum petitione. Illorum autem fructuum, quos culpa sua possessor non perceperit, in utraque actione eadem ratio pene habetur si praedo fuerit. Si vero bona fide possessor fuerit, non habetur ratio consumptorum, neque non perceptorum. Post inchoatam autem petitionem, etiam illorum

fructuum ratio habetur, qui culpa possessoris percepti non sunt, vel percepti consumpti sunt.

51) *§*. 35. *J. de div. rerum (II. 1.)* Si quis a non domino, quem dominum esse crediderit, bona fide fundum emerit, vel ex donatione, aliave qualibet justa causa atque bona fide acceperit naturali ratione placuit, fructus, quos percepit, ejus esse pro cultura et cura. Et ideo si postea dominus supervenerit, et fundum vindicet, de fructibus ab eo consumptis agere non potest. Ei vero, qui alienum fundum sciens possederit, non idem concessum est. Itaque cum fundo etiam fructus, licet consumpti sint, cogitur restituere.

52) *L.* 20. *pr. D. de adq. rer. dom.* (*XLI.* 1.) (*Ulp.*) Traditio nihil amplius transferre debet vel potest ad eum, qui accipit, quam est apud eum, qui tradit. Si igitur quis dominium in fundo habuit, id tradendo transfert: si non habuit, ad eum qui accipit nihil transfert.

53) *L.* 21 *D. de pact. dot.* (*XXIII.* 4.) (*Jul.*) Si mulier dotis causa promiserit certam summam, et pro ea mancipia in dotem dederit ea condicione, ut periculo ejus essent, et si quid ex his natum esset, ad eam pertineat: stari pacto convento oportebit. Nam constat posse inter uxorem et virum conveniri, ut dos, quae in pecunia numerata esset, permutaretur, et transferatur in corpora, cum mulieri prodest.

54) *L.* 25. D. *de jure dot.* (*XXIII.* 3.) (*Paul.*) Si ei nuptura mulier, qui Stichum debebat, ita cum eo pacta est, pro Sticho, quem mihi debes, decem tibi doti erunt: secundum id, quod placuit rem pro re solvi posse, et liberatio contingit, et decem in dotem erunt: quia et permutatio dotium conventione fieri potest.

55) *L.* 26. *eod.* (*Modestinus.*) Ita constante matrimonio permutari dotem posse dicimus, si hoc mulieri utile sit: si ex pecunia in rem, aut ex re in pecuniam: idque probatum est.

56) L. 27. *eod.* (*Ulp.*) Quod si fuerit factum, fundus vel res dotalis efficitur.

57) *L.* 12. *C. de jure dot. (V.* 12.*)* (*Diocl. et Maxim.*) Ex pecunia dotali fundus a marito tuo comparatus, non tibi quaeritur, cum neque maritus uxori actionem empti possit adquirere: at dotis tantum actio tibi competit. Unde aditus Praeses provinciae, si non te transegisse repererit, sed ex majore parte dotem consecutam, residuum restitui providebit.

58) *L.* 54. *D. de jure dot.* (*XXIII.* 3.) (*Gajus ad ed. Praetoris urbani titulo de Praediatoribus.*) Res quae ex dotali pecunia comparatae sunt, dotales esse videntur.

59) *L.* 31. *pr. D. de adqu. rer. dom.* (*XLI.* 1.) (*Paul.*) Nunquam nuda traditio transfert dominium; sed ita, si venditio, aut aliqua justa causa praecesserit, propter quam traditio sequeretur.

60) *L.* 45. *D. de pactis* (*II.* 14.) (*Hermog.*) Divisionis placitum, nisi traditione, vel stipulatione sumat effectum, ad actionem, ut nudum pactum, nulli prodesse poterit.

61) *L.* 20. *C. de pactis* (*II.* 3.) (*Diocl. et Maxim.*) Traditionibus et usucapionibus dominia rerum, non nudis pactis transferuntur.

61 a) *L.* 8. *pr.* §. 1. *C. de praescr. XXX.; etc.* (*VII.* 39.) (*Justin.*) Si quis emptionis, vel donationis, vel alterius cuiuscunque contractus titulo rem aliquam bona fide per decem, vel viginti annos possederit, et longi temporis exceptionem contra dominos eius, vel creditores hypothecam eius praetendentes sibi adquisierit, posteaque fortuito casu possessionem eius rei perdiderit: posse eum etiam actionem ad vindicandam rem eandem habere sancimus; hoc enim et veteres leges, si quis eas recte inspexerit, sanciebant. §. 1. — Quod si quis eam rem desierit possidere, cuius dominus, vel is, qui suppositam eam habebat, exceptione triginta, vel quadraginta annorum expulsus est: praedictum auxilium non indiscrete, sed cum moderata divisione ei praestari censemus: ut si quidem bona fide ab initio eam rem tenuerit, simili possit uti praesidio: sin vero mala fide eam adeptus est, indignus eo videatur: ita tamen, ut novus possessor, si quidem ipse rei dominus ab initio fuit, vel suppositam eam habebat, et memoratae exceptionis necessitate expulsus est: commodum detentionis sibi acquirat. Sin vero nullum jus in eadem re quocunque tempore habuit, tunc licentia sit priori domino, vel creditori, qui nomine hypothecae rem obligatam habuit, et heredibus eorum ab injusto detentatore eam vindicare; non obstante ei, quod prior possessor triginta, vel quadraginta annorum exceptione eum removerat: nisi ipse injustus possessor triginta, vel quadraginta annorum, ex eo tempore computandorum, ex quo prior possessor, qui evicit, ea possessione cecidit, exceptione munitus est.

62) *L.* 5. *C. Fin. reg.* (*III* 39.) (*Val. Theod. et Arcad.*) Quinque pedum praescriptione submota, finalis jurgii, vel locorum libera peragatur intentio.

63) *L.* 6. *C. eod.* (*Theod. Arcad. et Honor.*) Cunctis molitionibus et machinationibus amputatis, decernimus, in finali quaestione non longi temporis, sed triginta tantum annorum praescriptionem locum habere.

64) *L.* 27. *D. de usurp.* (*XLI.* 3.) (*Ulp.*) Celsus trigesimo quarto errare eos ait, qui existimarent, cujus rei quisque bona

fide adeptus sit possessionem, pro suo usucapere eum posse: nihil referre, emerit, nec ne, donatum sit, nec ne, si modo emptum, vel donatum sibi existimaverit: quia neque pro legato, neque pro donato, neque pro dote usucapio valeat, si nulla donatio, nulla dos, nullum legatum sit. Idem et in litis aestimatione placet, ut nisi vere quis litis aestimationem subierit, usucapere non possit.

65) *L.* 11. *D. pro emptore.* (*XLI.* 4.) (*African.*) Quod vulgo traditum est, eum, qui existimat se quid emisse, nec emerit, non posse pro emptore usucapere: hactenus verum esse ait, si nullam justam causam ejus erroris emptor habeat: nam si forte servus vel procurator, cui emendam rem mandasset, persuaserit ei se emisse, atque ita tradiderit: magis esse, ut usucapio sequatur.

66) *L.* 5. *D. de usurp.* (*XLI.* 3.) (*Gajus.*) Naturaliter interrumpitur possessio, cum quis de possessione vi deiicitur, vel alicui res eripitur: quo casu non adversus eum tantum qui eripit, interrumpitur possessio: sed adversus omnes: nec eo casu quicquam interest, is, qui usurpaverit, dominus sit, nec ne. Ac ne illud quidem interest, pro suo quisque possideat, an ex lucrativa causa.

67) *L.* 30. *pr. D. ex quib. causis maj.* (*IV.* 6.) (*Paul.*) Cum miles, qui usucapiebat, decesserit, et heres impleverit usucapionem, aequum est rescindi, quod postea usucaptum est: ut eadem in heredibus, qui in usucapionem succedunt, servanda sint, quia possessio defuncti, quasi juncta, descendit ad heredem: et plerumque nondum hereditate adita completur.

68) *§.* 4. *J. de act.* (*IV.* 6.) Namque si cui ex justa causa res aliqua tradita fuerit, veluti ex causa emptionis, aut donationis, aut dotis, aut legatorum, necdum eius rei dominus effectus est: si eius rei possessionem casu amiserit, nullam habet directam in rem actionem ad eam persequendam: quippe ita proditae sunt jure civili actiones, ut quis dominium suum vindicet. Sed quia sane durum erat, eo casu deficere actionem, inventa est a Praetore actio, in qua dicit is, qui possessionem amisit, eam rem se usucepisse, et ita vindicat suam esse: quae actio Publiciana appellatur, quoniam primum a Publicio Praetore in edicto proposita est.

69) *L.* 1. *pr. D. de. public. in rem. act.* (*VI.* 2.) (*Ulp.*) Ait Praetor: si quis id, quod traditur ex justa causa non a domino, et nondum usucaptum petet, judicium dabo.

70) *L.* 3. *§.* 1. *D. de exc. rei vend.* (*XXI.* 3.) (*Hermogenianus.*) Pari ratione venditoris etiam successoribus nocebit: sive in universum jus, sive in eam dumtaxat rem successerint.

71) *L.* 2. *eod.* (*Pomponius.*) Si a Titio fundum emeris, qui Sempronii erat, isque tibi traditus fuerit: pretio autem soluto Titius Sempronii heres exstiterit, et eundem fundum Maevio vendiderit et tradiderit: Julianus ait, aequius esse, priorem te tueri: quia, et si ipse Titius fundum a te peteret, exceptione summoveretur, et si ipse Titius eum possideret, Publiciana peteres.

72) *L.* 72. *D. de rei vind.* (*VI.* 1.) (*Ulp.*) Si a Titio fundum emeris Sempronii, et tibi traditus sit, pretio soluto, deinde Titius Sempronio heres exstiterit et eundem alii vendiderit et tradiderit, aequius est, ut tu potior sis. Nam et si ipse venditor eam rem a te peteret, exceptione eum summoveres. Sed et si ipse possideret, et tu peteres, adversus exceptionem, dominii replicatione utereris.

73) *L.* 4. *§.* 32. *D. de doli exc.* (*XLIV.* 4.) (*Ulp.*) Si a Titio fundum emeris, qui Sempronii erat, isque tibi traditus fuerit pretio soluto, deinde Titus Sempronio heres exstiterit, et eundem fundum Maevio vendiderit et tradiderit: Julianus ait, aequius esse Praetorem te tueri: quia, et si ipse Titius fundum a te peteret, exceptione in factum comparata, vel doli mali summoveretur: et si ipse eum possideret, et Publiciana peteres, adversus excipientem, *si non suus esset*, replicatione utereris: ac per hoc intelligeret eum fundum rursum vendidisse, quem in bonis non haberet.

74) *L.* 15. *§.* 1. *D. de serv.* (*VIII.* 1.) (*Pomp.*) Servitutium non ea natura est, ut aliquid faciat quis: veluti viridia tollat, aut amoeniorem prospectum praestet, aut in hoc, ut in suo pingat: sed ut aliquid patiatur, aut non faciat.

75) *L.* 20. *eod.* (*Javolenus.*) Quotiens via aut aliquid jus fundi emeretur, cavendum putat esse Labeo, per te non fieri, quo minus eo jure uti possit: quia nulla ejusmodi juris vacua traditio esset. Ego puto, usum ejus juris pro traditione possessionis accipiendum esse. Ideoque et interdicta veluti possessoria constituta sunt.

76) *L.* 1. *§.* 6. *D. de itin. actuque priv.* (*XLIII.* 19.) (*Ulp.*) Vivianus recte ait, eum qui propter incommoditatem rivi, aut propterea quia via publica interrupta erat, per proximi vicini agrum iter fecerit: quamvis id frequenter fecit, non videri omnino usum; itaque inutile esse interdictum, non quasi precario usum, sed quasi nec usum: ergo secundum hoc nec utro usus videtur: multo enim minus illo usus est, per quem non iit, propter incommoditatem rivi, aut propterea, quia via praerupta erat. Idem erit dicendum, et si non erat via publica, sed iter privatum; nam et hic eadem quaestio est.

77) *L.* 7. *eod.* (*Celsus.*) Si per fundum tuum nec vi, nec clam, nec precario commeavit aliquis; non tamen tamquam id suo jure faceret, sed, si prohiberetur, non facturus: inutile est ei interdictum de itinere actuque: nam ut hoc interdictum competat, jus fundi possedisse oportet.

78) *L.* 20. *pr. D. de S. P. U.* (*VIII.* 2.) (*Paul.*) Servitutes quae in superficie consistunt, possessione retinentur. Nam si forte ex aedibus meis in aedes tuas tignum immissum habuero, hoc ut immissum habeam, per causam tigni possideo habendi consuetudinem. Idem eveniet et si moenianum in tuum immissum habuero, aut stillicidium in tuum proiecero: quia in tuo aliquid utor, et sic quasi facto quodam possideo.

79) *L.* 6. *eod.* (*Gajus.*) Haec autem jura similiter, ut rusticorum quoque praediorum, certo tempore non utendo pereunt; nisi quod haec dissimilitudo est, quod non omnimodo pereunt non utendo: sed ita, si vicinus simul libertatem usucapiat, veluti si aedes tuae aedibus meis serviant, ne altius tollantur, ne luminibus mearum aedium officiatur, et ego per statutum tempus fenestras meas perfixas habuero vel obstruxero, ita demum jus meum amitto, si tu per hoc tempus aedes tuas altius sublatas habueris: alioquin, si nihil novi feceris, retineo servitutem. Item si tigni immissi aedes tuae servitutem debent, et ego exemero tignum, ita demum amitto jus meum, si tu foramen unde exemptum est tignum, obturaveris, et per constitutum tempus ita habueris: alioquin, si nihil novi feceris, integrum jus suum permanet.

80) *L.* 32. *§.* 1. *eod.* (*Jul.*) Libertas servitutis usucapitur, si aedes possideantur: quare, si is, qui altius aedificatum habebat, ante statutum tempus aedes possidere desiit, interpellata usucapio est: is autem, qui postea easdem aedes possidere coeperit, integro statuto tempore libertatem usucapiet: natura enim servitutium ea est, ut possideri non possint: sed intelligatur possessionem earum habere, qui aedes possidet.

81) *L.* 13. *pr. D. comm. praed.* (*VIII.* 4.) (*Ulp.*) Venditor fundi Geroniani, fundo Botroiano, quem retinebat, legem dederat, ne contra eum piscatio thynnaria exerceatur. Quamvis mari, quod natura omnibus patet, servitus imponi privata lege non potest, quia tamen bona fides contractus legem servari venditionis exposcit, personae possidentium, aut in jus eorum succedentium, per stipulationis vel venditionis legem obligantur.

82) *L.* 8. *pr. D, de serv.* (*VIII.* 1.) (*Paulus.*) Ut pomum decerpere liceat, et ut spatiari, et ut cenare in alieno possimus, servitus imponi non potest.

83) *L.* 14. *ff*. 3. *D. de alim. leg.* (*XXXIV.* 1.) (*Ulp.*) Quidam libertis suis, ut alimenta, ita aquam quoque, per fideicommissum reliquerat. Consulebar de fideicommisso: cum in ea regione Africae vel forte Aegypti res agi proponebatur, ubi aqua venalis est. Dicebam igitur, esse emolumentum fideicommissi, sive quis habens cisternas id reliquerit, sive non: ut sit in fideicommisso, quanto quis aquam sibi esset comparaturus: nec videri inutile esse fideicommissum, quasi servitute praedii non possessori vicinae possessionis relicta. Nam et haustus aquae, ut pecoris ad aquam adpulsus, est servitus personae, tamen ei, qui vicinus non est, inutiliter relinquitur. In eadem causa erunt gestandi, vel in tuo uvas premendi, vel areae tuae ad frumenta ceteraque legumina exprimenda utendi: haec enim aqua personae relinquitur.

84) *L.* 4. *D. de serv. praed. urb.* (*VIII.* 2.) (*Paulus.*) Luminum servitute constituta, id adquisitum videtur, ut vicinus lumina nostra excipiat. Cum autem servitus imponitur, ne luminibus officiatur, hoc maxime adepti videmur, ne jus sit vicino, invitis nobis altius aedificare, atque ita minuere lumina nostrorum aedificiorum.

85) *L.* 9. *ff*. 7. *D. de usufr.* (*VII.* 1.) (*Ulp.*) Instrumenti autem fructum habere debet: vendendi tamen facultatem non habet. Nam et si fundi ususfructus fuerit legatus, et si ager, unde palo in fundum, cujus ususfructus legatus est, solebat paterfamilias uti, vel salice, vel harundine, puto fructuarium hactenus uti posse, ne ex eo vendat: nisi forte salicti ei, vel silvae palaris, vel harundineti ususfructus sit legatus: tunc enim et vendere potest. Nam et Trebatius scribit, silvam caeduam et harundinetum posse fructuarium caedere: sicut paterfamilias caedebat: et vendere, licet paterfamilias non solebat vendere, sed ipse uti: ad modum enim referendum est, non ad qualitatem utendi.

86) *L.* 58. *pr. eod.* (*Scaevola.*) Defuncta fructuaria mense Decembri, jam omnibus fructibus, qui in his agris nascuntur, mense Octobri per colonos sublatis: quaesitum est, utrum pensio heredi fructuariae solvi deberet: quamvis fructuaria ante Kalendas Martias, quibus pensiones inferri debeant, decesserit, an dividi debeat inter heredem fructuariae, et Rempublicam, cui proprietas legata est? Respondi, Rempublicam quidem cum colono nullam actionem habere: fructuariae vero heredem sua die, secundum ea, quae proponerentur, integram pensionem percepturum.

87) *L.* 13. *ff*. 5. *eod.* (*Ulp.*) Inde est quaesitum, an lapidicinas, vel credifodinas, vel harenifodinas ipse instituere possit Et ego puto etiam ipsum instituere posse, si non agri partem ne-

cessariam huic rei occupaturus est. Proinde venas quoque lapidicinarum, et huiusmodi metallorum inquirere poterit: ergo et auri, et argenti, et sulphuris, et aeris, et ferri, et ceterorum fodinas, vel quas paterfamilias instituit, exercere poterit, vel ipse instituere, si nihil agriculturae nocebit. Et si forte in hoc, quod instituit, plus reditus sit, quam in vineis, vel arbustis vel olivetis, quae fuerunt, forsitan etiam haec deiicere poterit: siquidem ei permittitur meliorare proprietatem.

88) *L.* 15. *ʃʃ.* 7. *eod.* (*Ulp*) Sed nec servitutem imponere fundo potest proprietarius, nec amittere servitutem. Adquirere plane servitutem eum posse, etiam invito fructuario, Julianus scripsit. Quibus consequenter, fructuarius quidem adquirere fundo servitutem non potest, retinere autem potest: et si forte fuerint, non utente fructuario, amissae, hoc quoque nomine tenebitur. Proprietatis dominus ne quidem consentiente fructuario servitutem imponere potest.

89) *L.* 16. *eod.* (*Paulus.*) Nisi qua deterior fructuarii condicio non fiat, veluti si talem servitutem vicino concesserit, jus sibi non esse altius tollere.

90) *L.* 27. *ʃʃ.* 4. 5. *eod.* (*Ulp.*) Si qua servitus imposita est fundo, necesse habebit fructuarius sustinere: unde et si per stipulationem servitus debeatur, idem puto dicendum. §. 5. Sed et si servus sub poena emptus sit, interdictis certis quibusdam, an si ususfructus ejus fuerit legatus, observare haec fructuarius debeat? et puto debere eum observare, alioquin non boni viri arbitratu utitur et fruitur.

91) *L.* 1. *ʃʃ.* 1. *D. de usu.* (*VII.* 8.) (*Gajus.*) Constituitur etiam nudus usus, id est, sine fructu: qui et ipse iisdem modis constitui solet, quibus et ususfructus.

92) *L.* 2. *pr. D. eod.* (*Ulp.*) Cui usus relictus est, uti potest: frui non potest. Et de singulis videndum.

93) *L.* 22. *pr. D. eod.* (*Pomp.*) Divus Hadrianus, cum quibusdam usus silvae legatus esset, statuit fructum quoque eis legatum videri: quia nisi liceret legatariis caedere silvam, et vendere, quemadmodum usufructuariis licet, nihil habituri essent ex eo legato.

94) *L.* 5. *ʃʃ.* 2. *D. de usufr. ear. rer.* (*VII.* 5.) (*Ulp.*) Quae in usufructu pecuniae diximus, vel ceterarum rerum, quae sunt in abusu: eadem et in usu dicenda sunt: nam idem continere usum pecuniae, et usumfructum, et Julianus scribit, et Pomponius libro octavo de stipulationibus.

95) *L.* 10. *D. de cap. minut.* (*IV.* 5.) (*Modestinus.*) Legatum in annos singulos, vel menses singulos relictum, vel si habi-

tatio legetur, morte quidem legatarii legatum intercidit, capitis deminutione tamen interveniente, perseverat: videlicet, quia tale legatum in facto potius, quam in jure, consistit.

96) *L.* 6. *ʃʃ*. 1. *D. si serv.* (*VIII.* 5.) (*Ulp.*) Sciendum tamen, in his servitutibus possessorem esse eum juris et petitorem, et, si forte non habeam aedificatum altius in meo, adversarius meus possessor est: nam cum nihil sit innovatum, ille possidet, et aedificantem me prohibere potest, et civili actione, et interdicto quod vi aut clam. Idem et si lapilli jactu impedierit. Sed et si, patiente eo, aedificavero, ego possessor ero effectus.

97) *L.* 8. *ʃʃ*. 3. *eod.* (*Ulp.*) Sed si quaeritur, quis possessoris, quis petitoris partes sustineat, sciendum est, possessoris partes sustinere, si quidem tigna immissa sint, eum, qui servitutem sibi deberi ait: si vero non sunt immissa, eum qui negat.

98) *L.* 3. *pr. D. si ususfr.* (*VII.* 6.) (*Ulp.*) Uti frui jus sibi esse, solus potest intendere, qui habet usumfructum: dominus autem fundi non potest; quia, qui habet proprietatem, utendi fruendi jus separatum non habet: nec enim potest ei suus fundus servire: de suo enim, non de alieno jure, quemque agere oportet. Quamquam enim actio negativa domino competat adversus fructuarium, magis tamen de suo jure agere videatur, quam alieno: cum, invito se, negat jus esse utendi fructuario, vel sibi jus esse prohibendi. Quod si forte qui agit dominus proprietatis non sit, quamvis fructuarius jus utendi non habet, vincet tamen jure, quo possessores sunt potiores, licet nullum jus habeant.

99) *L.* 15. *D. de op. novi nunt.* (*XXXIX.* 1.) (*Afric.*) Si priusquam aedificatum esset, ageretur, jus vicino non esse aedes altius tollere, nec res ab eo defenderetur: partes judicis non alias futuras fuisse ait, quam ut eum, cum quo ageretur, cavere juberet, non prius se aedificaturum, quam ultro egisset, jus sibi esse altius tollere. Idemque e contrario, si cum quis agere vellet, jus sibi esse invito adversario altius tollere, eo non defendente, similiter, inquit, officio judicis continebitur, ut cavere adversarium juberet, nec opus novum se nuntiaturum, nec aedificanti vim facturum. Eaque ratione hactenus is, qui rem non defenderet, punietur, ut de jure suo probare necesse haberet: id enim esse, petitoris partes sustinere.

100) *L.* 11. *ʃʃ*. 1. *D. de public.* (*VI.* 2.) (*Ulp.*) Si de usufructu agatur tradito, Publiciana datur. Itemque servitutibus urbanorum praediorum per traditionem constitutis, vel per patientiam, forte si per domum quis suam passus est aquaeductum transduci: item rusticorum, nam et hic traditionem, et patientiam tuendam constat.

101) *L.* 1. *pr. D. quib. modis ususfr.* (*VII.* 4.) (*Ulp.*) Non solum usumfructum amitti capitis minutione constat, sed et actionem de usufructu: et parvi refert, utrum iure sit constitutus ususfructus, an vero tuitione Praetoris. Proinde traditus quoque ususfructus, item in fundo vectigali, vel superficie, non jure constitutus, capitis minutione amittitur.

102) *L.* 3 *pr. D. de usufr.* (*VII.* I.) (*Gajus.*) Omnium praediorum jure legati potest constitui ususfructus, ut heres jubeatur dare aliqui usumfructum. Dare autem intelligitur, si induxerit in fundum legatarium eumve patiatur uti frui. Et sine testamento autem si quis velit usumfructum constituere, pactionibus et stipulationibus id efficere potest.

103) *§.* 4. *J. de. serv.* (*II.* 3.) Si quis velit vicino aliquod jus constituere, pactionibus atque stipulationibus id efficere debet. Potest etiam testamento quis heredem suum damnare, ne altius tollat aedes suas, ne luminibus aedium vicini officiat: vel ut patiatur, eum tignum in parietem immittere, vel stillicidium habere; vel ut patiatur, eum per fundum ire, agere, aquamve ex eo ducere.

104) *§.* 1. *J. de usufr.* (*II.* 4.) Ususfructus a proprietate separationem recipit: idque pluribus modis accidit. Ut ecce, si quis usumfructum alicui legaverit: nam heres nudam habet proprietatem, legatarius usumfructum. Et contra, si fundum legaverit, deducto usufructu: legatarius nudam habet proprietatem, heres vero usumfructum. Item alii usumfructum, alii deducto eo fundum legare potest. Sine testamento vero si quis velit usumfructum alii constituere, pactionibus et stipulationibus id efficere debet. Ne tamen in universum inutiles essent proprietates, semper abscedente usufructu: placuit certis modis exstingui usumfructum, et ad proprietatem reverti.

105) *L.* 25. *§.* 7. *D. de usufr.* (*VII.* 1.) (*Ulp.*) Quod autem diximus, ex re fructuarii, vel ex operis posse adquirere, utrum tunc locum habeat, quotiens jure legati ususfructus sit constitutus, an et si per traditionem, vel stipulationem, vel alium quemcunque modum, videndum. Et vera est Pegasi sententia, quam et Julianus libro sexto decimo secutus est, omnia fructuario adquiri.

106) *L.* 4. *§.* 29. *D. de usurp.* (*XLI.* 3.) (*Paulus.*) Libertatem servitutum usucapi posse, verius est: quia eam usucapionem sustulit lex Scribonia, quae servitutem constituebat, non etiam eam, quae libertatem praestat sublata servitute. Itaque si, cum tibi servitutem deberem, ne mihi (puta) liceret altius aedificare, et per statutum tempus altius aedificatum habuero, sublata erit servitus.

107) *L.* 10. *§.* 1. *eod.* (*Ulp.*) Hoc jure utimur, ut servitutes per se nusquam longo tempore capi possint, cum aedificiis possint.

108) *L.* 10. *pr. D. si serv.* (*VIII.* 5.) (*Ulp.*) Si quis diuturno usu, et longa quasi possessione, jus aquae ducendae nanctus sit, non est ei necesse docere de jure, quo aqua constituta est, veluti ex legato, vel alio modo: sed utilem habet actionem, ut ostendat, per annos forte tot usum se non vi non clam non precario possedisse.

109) *L.* 1. *C. de serv.* (*III.* 34.) (*Antonin.*) Si quas actiones adversus eum, qui aedificium contra veterem formam exstruxit, ut luminibus tuis officeret, competere tibi existimas: more solito per judicem exercere non prohiberis: is, qui judex erit, longi temporis consuetudinem vicem servitutis obtinere sciet: modo si is, qui pulsatur, nec vi, nec clam, nec precario possidet.

110) *L.* 2. *eod.* (*Antonin.*) Si aquam per possessionem Martialis eo sciente duxisti, servitutem exemplo rerum immobilium tempore quaesisti. Quod si ante id spatium eius usus tibi interdictus est, frustra sumptus in ea re factos praestari tibi postulas: cum in aliena possessione operis facti dominium, quoad in eadem causa manet, ad eum pertineat, cujus est possessio.

111) *§.* 3. *J. de. usufr.* (*II.* 4.) Finitur autem ususfructus morte fructuarii, et duabus capitis deminutionibus, maxima et media, et non utendo per modum et tempus. Quae omnia nostra statuit Constitutio. Item finitur ususfructus, si domino proprietatis ab usufructuario cedatur (nam cedendo extraneo, nihil agit) vel ex contrario, si fructuarius proprietatem rei adquisierit: quae res consolidatio appellatur. Eo amplius constat, si aedes incendio consumptae fuerint, vel etiam terrae motu, vel vitio suo corruerint, exstingui usumfructum, et ne areae quidem usumfructum deberi.

112) vide Num. 80.

113) *L.* 16. *§.* 1. *C. de usufr.* (*III.* 33.) (*Justinian.*) . . . . . sancimus, non solum actionem, quae de usufructu nascitur, sed nec ipsum usumfructum non utendo cadere, nisi tantummodo morte usufructuarii, et ipsius rei interitu: sed usumfructum quem sibi aliquis acquisivit, hunc habeat, dum vivit, intactum: cum multae et innumerabiles causae rebus incidant mortalium, per quas homines jugiter retinere, quod habent, non possunt. Et est satis durum, per hujusmodi difficultates amittere, quod semel possessum est: nisi talis exceptio usufructuario opponatur: quae, etiam si dominium vindicaret, posset eum praesentem vel absentem excludere. 530.

114) *L.* 13. *C. de serv.* (*III.* 34.) (*Justinian*). Sicut usumfructum, qui non utendo per biennium in soli rebus, per annale autem tempus in mobilibus vel se moventibus diminuebatur: non passi sumus hujusmodi sustinere compendiosum interitum, sed ei decennii vel viginti annorum dedimus spatium: ita et in ceteris servitutibus obtinendum esse censuimus, ut omnes servitutes non utendo amittantur, non biennio, quia tantummodo soli rebus annexae sunt, sed decennio contra praesentes, vel viginti spatio annorum contra absentes: ut sit in omnibus huiusmodi rebus causa similis, explosis differentiis. 531.

115) *L.* 15. *ʃʃ.* 26. 27. *D de damno infecto.* (*XXXIX.* 2.) (*Ulp.*) Si de vectigalibus aedibus non caveatur, mittendum in possessionem dicemus, nec jubendum possidere: nec enim dominium capere possidendo potest, sed decernendum, ut eodem jure esset quo foret is, qui non caverat: post quod decretum vectigali actione uti poterit. (§. 27.) Sed in vectigali praedio, si municipes non caverint: dicendum est, dominium per longum tempus adquiri.

116) *L.* 1. *C. de precar.* (*VIII.* 9.) (*Gordian.*) Si te non remittente pignus, debitor tuus ea, quae tibi obnoxia sunt, venundedit: integrum tibi jus est ea persequi, non interdicto Salviano, id enim tantummodo adversus conductorem, debitoremve competit, sed Serviana actione, vel quae ad exemplum ejus instituitur, utilis adversus emptorem exercenda est.

117) *L.* 6. *C. si aliena res pign.* (*VIII.* 16) (*Diocl. et Maxim.*) Quae praedium in filios a se titulo donationis translatum, creditori, suo dat pignori, se magis contrario pignoratitio obligat judicio, quam quicquam dominis noceat: cum Serviana etiam actio declaret evidenter, jure pignoris teneri non posse, nisi quae obligantis in bonis fuerint: et per alium rem alienam invito domino pignori obligari non posse, certissimum est.

118) *L.* 44. *ʃʃ.* 5. *D. de usurp.* (*XLI.* 3.) (*Papin.*) Non mutat usucapio superveniens pro emptore, vel pro herede, quo minus pignoris persecutio salva sit: ut enim ususfructus usucapi non potest, ita persecutio pignoris, quae nulla Societate dominii conjungitur, sed sola conventione constituitur, usucapione rei non perimitur.

118 a) *L.* 1. *ʃʃ.* 2. *D. de pign.* (*XX.* 1.) (*Papinian.*) Cum praedium pignori daretur, nominatim, ut fructus quoque pignori essent, convenit. Eos consumtos bona fide emtor utili Serviana restituere non cogetur: pignoris etenim causam nec usucapione perimi placuit: quoniam quaestio pignoris ab intentione dominii

separatur: quod in fructibus dissimile est, qui nunquam debitoris fuerunt.

119) *L.* 18. *D. de pign.* (*XX.* 1.) (*Paul.*) Si ab eo, qui publiciana uti potuit, quia dominium non habuit, pignori accepi, sic tuetur me per Servianam Praetor, quemadmodum debitorem per publicianam.

120) *L.* 29. *D. de pignor. actione,* (*XIII.* 7.) (*Julian.*) Si rem alienam bona fide emeris, et mihi pignori dederis, ac precario rogaveris, deinde me dominus haeredem instituerit: desinit pignus esse, et sola precarii rogatio supererit: idcirco usucapio tua interpellabitur.

121) *L.* 14. *D. qui pot.* (*XX.* 4.) (*Paul.*) Si non dominus duobus eandem rem diversis temporibus pigneraverit, prior potior est: quamvis, si a diversis non dominis pignus accipiamus, possessor melior sit.

122) *L.* 3. *§.* 2. *eod.* (*Papinian.*) Post divisionem regionibus factam inter fratres convenit, ut, si frater agri portionem pro indiviso pignori datam, a creditore suo non liberasset, ex divisione quaesitae partis partem dimidiam alter distraheret: pignus intelligi contractum existimavi, sed priorem secundo non esse potiorem, quoniam secundum pignus ad eam partem directum videbatur, quam ultra partem suam frater non consentiente socio non potuit obligare.

123) *L.* 1. *pr. D. de pignor.* (*XX.* 1.) (*Papinian*) Conventio generalis in pignore dando bonorum vel postea quaesitorum recepta est: in speciem autem alienae rei collata conventione, si non fuit ei, qui pignus dabat, debita, postea debitori dominio quaesito, difficilius creditori, qui non ignoravit alienum, utilis actio dabitur: sed facilior erit possidenti retentio.

124) *L.* 5. *C. si al. res* (*VIII.* 16.) (*Diocl. et Maxim.*) Cum res, quae necdum in bonis debitoris est, pignori data ab eo, postea in bonis eius esse incipiat: ordinariam quidem actionem super pignore non competere, manifestum est: sed tamen aequitatem facere, ut facile utilis persecutio exemplo pignoratitiae detur.

125 *L.* 41. *D. de pign. act.* (*XIII.* 7.) (*Paul.*) Rem alienam pignori dedisti, deinde dominus rei eius esse coepisti: datur utilis actio pignoratitia creditori. Non est idem dicendum, si ego Titio, qui rem meam obligaverat sine mea voluntate, heres exstitero: . . . . . . Sed si convenisset de pignore, ut ex suo mendacio arguatur, improbe resistit, quo minus utilis actio moveatur.

126) *L.* 21. *§.* 1. *D. de pign.* (*XX.* 1.) (*Ulp.*) Si debitor servum, quem a non domino bona fide emerat et pignoravit, teneat, Servianae locus est, et si adversus eum agat creditor, doli

replicatione exceptionem elidet: et ita Julianus ait, et habet rationem.

127) *L.* 9. *§.* 3. *D. qui pot. in pign.* (*XX.* 4.) (*Africanus.*) Titia praedium alienum Titio pignori dedit: post Maevio: deinde domina eius pignoris facta marito suo in dotem aestimatum dedit. Si Titio soluta sit pecunia, non ideo magis Maevii pignus convalescere placebat. Tunc enim, priore dimisso, sequentis confirmatur pignus, cum res in bonis debitoris inveniatur; in proposito autem maritus emptoris loco est: atque ideo, quia neque tunc, cum Maevio obligaretur, neque cum Titio solveretur, in bonis mulieris fuerit: nullum tempus inveniri, quo pignus Maevii convalescere possit: haec tamen ita, si bona fide in dotem aestimatum praedium maritus accepit: id est, si ignoravit Maevio obligatum esse.

128) *L.* 11. *§.* 2. *eod.* (*Gaius.*) Si colonus convenit, ut inducta in fundum, illata, ibi nata, pignori essent, et antequam inducat, alii rem hypothecae nomine obligaverit, tunc deinde eam in fundum induxerit, potior erit, qui specialiter pure accepit: quia non ex conventione priori obligatur, sed ex eo quod inducta res est: quod posterius factum est.

129) *L.* 7. *§.* 1. *eod.* (*Ulpian.*) Si tibi, quae habiturus sum, obligaverim, et Titio specialiter fundum, si in dominium meum pervenerit, mox dominium eius adquisiero, putat Marcellus, concurrere utrumque creditorem et in pignore. Non enim multum facit, quod de suo nummos debitor dederit: quippe cum res ex nummis pigneratis empta, non sit pignerata ob hoc solum, quod pecunia pignerata erat.

130) *L.* 10. *§.* 1. *D. quib. mod. pign.* (*XX.* 6.) (*Paul.*) Creditor quoque si pignus distraxit, et ex venditione recessum fuerit, vel homo redhibitus, dominium ad debitorem revertitur. Idemque est in omnibus, quibus concessum est rem alienam vendere: non enim quia dominium transferunt, ideo ab emptore jus ejus recipiunt; sed in pristinam causam res redit, resoluta venditione.

131) *L.* 8. *D. qui pot.* (*XX.* 4.) (*Ulpianus.*) Si pignus specialiter Respublica acceperit, dicendum est, praeferri eam fisco debere, si postea fisco debitor obligatus est: quia et privati praeferuntur.

132) *L.* 21. *§.* 1. *eod.* (*Scaevola.*) Negotiatori marmorum creditor sub pignore lapidum, quorum pretia venditores ex pecunia creditoris acceperant, numeravit: idem debitor conductor horreorum Caesaris fuit, ob quorum pensiones aliquot annis non solutas, Procurator exactioni praepositus, ad lapidum venditio-

nem officium suum extendit. Quaesitum est, an jure pignoris eos creditor retinere possit? Respondit, secundum ea, quae proponerentur, posse.

133) *L.* 28. *D. de iure fisci* (*XLIX.* 14.) (*Ulp.*) Si, qui mihi obligaverat, quae habet, habiturusque esset, cum fisco contraxerit: sciendum est, in re postea adquisita fiscum potiorem esse debere, Papinianum respondisse; quod et constitutum est: praevenit enim causam pignoris fiscus.

134) *L.* 5. *§.* 1. *D. de distr. pign.* (*XX.* 5.) (*Marc.*) Si secundus creditor, vel fidejussor, soluta pecunia, pignora susceperint, recte eis offertur, quamvis emptionis titulo ea tenuerunt.

135) *L.* 6. *eod.* (*Modestinus.*) Cum posterior creditor a priore pignus emit, non tam adquirendi dominii, quam servandi pignoris sui causa intelligitur pecuniam dedisse: et ideo offerri ei a debitore potest.

136) *L.* 2. *eod.* (*Papin.*) Fidejussor conventus, officio judicis adsecutus est, ut emptionis titulo praedium creditori pignori datum susciperet; nihilo minus alteri creditori, qui postea sub eodem pignore contraxit, offerendae pecuniae, quam fidejussor dependit, cum usuris medii temporis, facultas erit; nam hujusmodi venditio, transferendi pignoris causa, necessitate juris fieri solet.

137) *L.* 29. *D. famil. ercisc.* (*X.* 2.) (*Paul.*) Si pignori res data defuncto sit, dicendum est, in familiae erciscundae iudicium venire: sed is, cui adiudicabitur, in familiae erciscundae iudicio pro parte coheredi erit damnandus: nec cavere debet coheredi, indemnem eum fore adversus eum, qui pignori dederit: quia pro eo erit, ac si hypothecaria vel Serviana actione petita litis aestimatio oblata sit, ut et is, qui obtulerit, adversus dominum vindicantem exceptione tuendus sit. Contra quoque, si is heres, cui pignus adiudicatum est, velit totum reddere, licet debitor nolit, audiendus est. Non idem dici potest, si alteram partem creditor emerit; adiudicatio enim necessaria est, emptio voluntaria; nisi si objiciatur creditori, quod animose licitus est, sed huius rei ratio habebitur; quia quod creditor egit, pro eo habendum est, ac si debitor per procuratorem egisset: et eius, quod propter necessitatem impendit, etiam ultro est actio creditori.

138) *L.* 12. *§.* 1. *D. quib. mod. pign.* (*XX.* 6.) (*Paul.*) Qui pignoris jure rem persequuntur, a vindicatione rei eos removeri solere, si qualiscumque possessor offerre vellet neque enim debet quaeri de jure possessoris, cum jus petitoris removeatur soluto pignore.

139) *L.* 3. *D. qui pot. in pign.* (*XX.* 4.) (*Papinian.*) Qui generaliter bona debitoris pignori accepit, eo potior est, cui postea praedium ex his bonis datur; quamvis ex ceteris pecuniam suam redigere possit. Quod si ea conventio prioris fuit, ut ita demum cetera bona pignori haberentur, si pecunia de his, quae generaliter accepit, servari non potuisset; deficiente secunda conventione secundus creditor in pignore postea dato non tam potior quam solus invenietur.

140) *L.* 12. *ß.* 4. *eod.* (*Marcian.*) Si tecum de hypotheca paciscatur debitor, deinde idem cum alio tua voluntate, secundus potior erit: pecunia autem soluta secundo, an rursus teneatur tibi, recte quaeritur? erit autem facti quaestio agitanda, quid inter eos actum sit: utrum ut discedatur ab hypotheca in totum cum prior concessit creditor alii obligari hypothecam; an ut ordo servetur, et prior creditor secundo loco constituatur.

141) *L.* 12. *pr. D. quid. mod. pign.* (*XX.* 6.) (*Paulus*) Paulus respondit, Sempronium antiquiorem creditorem consentientem, cum debitor eandem rem tertio creditori obligaret, jus suum pignoris remisisse videri, non etiam tertium in locum ejus successisse; et ideo medii creditoris meliorem causam effectam. Idem observandum est, et si Respublica tertio loco crediderit.

142) *L.* 9. *ß.* 1. *eod.* (*Modest.*) Titius Seio pecuniam sub pignore fundi dederat, qui fundus cum esset Reipublicae ante obligatus, secundus creditor pecuniam Reipublicae eam solvit; sed Maevius exstitit, qui dicebat, ante Rempublicam sibi fundum obligatum fuisse: inveniebatur autem Maevius, instrumento cautionis cum Republica facto a Seio interfuisse, et subscripsisse: quo caverat Seius, fundum nulli alii esse obligatum. Quaero, an actio aliqua in rem Maevio competere potest? Modestinus respondit, pignus, cui is, de quo quaeritur, consensit, minime eum retinere posse.

143) *L.* 30. *ß.* 1. *D. de exc. rei jud.* (*XLIV.* 2.) (*Paulus.*) . . . . . . In proposita autem quaestione magis me illud movet, numquid pignoris jus exstinctum sit dominio adquisito: neque enim potest pignus perseverare domino constituto creditore: actio tamen pignoraticia competit: verum est enim, et pignori datum, et satisfactum non esse: quare puto non obstare rei judicatae exceptionem.

144) *L.* 6. *pr. D. quib. mod. pign.* (*XX.* 6.) (*Ulp.*) Item liberatur pignus sive solutum est debitum, sive eo nomine satisfactum est. Sed et sive tempore finitum pignus est, idem dicere debemus: vel si qua ratione obligatio ejus finita est.

145) *L.* 2. *C. de luit. pign.* (*VIII.* 31.) (*Gordian.*) Intelligere debes vincula pignoris durare personali actione submota.

146) *L.* 13. *D. quib. mod. pign.* (*XX.* 6.) (*Tryphon.*) Si deferente creditore iuravit debitor, se dare non oportere, pignus liberatur: quia perinde habetur, atque si judicio absolutus esset: nam et si a judice, quamvis per injuriam, absolutus sit debitor, tamen pignus liberatur.

147) *L.* 27. *D. de pign.* (*XX.* 1.) (*Marcellus.*) Servum, quem quis pignori dederat, ex levissima offensa vinxit, mox solvit: et quia debito non satisfaciebat, creditor minoris servum vendidit: an aliqua actio creditori in debitorem constituenda sit, quia crediti ipsius actio non sufficit ad id, quod deest, persequendum? Quid si eum interfecisset, aut eluscasset? Ubi quidem interfecisset, ad exhibendum tenetur; ubi autem eluscasset, quasi damni injuriae dabimus actionem ad quantum interest, quod debilitando aut vinciendo, persecutionem pignoris exinanierit. Fingamus nullam crediti nomine actionem esse, quia forte causa ceciderat: non existimo indignam rem animadversione et auxilio Praetoris. Ulpianus notat: si ut creditori noceret, vinxit, tenebitur; si merentem, non tenebitur.

148) *L.* 3. *pr. D. de obl. et act.* (*XLIV.* 7.) (*Paul.*) Obligationum substantia non in eo consistit, ut aliquod corpus nostrum, aut servitutem nostram faciat: sed ut alium nobis obstringat ad dandum aliquid, vel faciendum, vel praestandum.

149) *L.* 84. *ſſ.* 1. *D. de regul. iur.* (*L.* 17.) (*Paul.*) Is natura debet, quem jure gentium dare oportet, cuius fidem secuti sumus.

150) *L.* 66. *eod.* (*Julianus.*) Marcellus: desinit debitor esse is, qui nanctus est exceptionem justam, nec ab aequitate naturali abhorrentem.

151) *L.* 95. *ſſ.* 4. *D. de solut.* (*XLVI.* 3.) (*Pap.*) Naturalis obligatio, ut pecuniae numeratione, ita justo pacto, vel jurejurando ipso jure tollitur: quod vinculum aequitatis, quo solo sustinebatur, conventionis aequitate dissolvitur, ideoque fidejussor, quem pupillus dedit, ex istis causis liberari dicitur.

152) *L.* 7. *ſſ.* 4. *D. de pactis* (*II.* 14.) (*Ulp.*) Sed cum nulla subest causa, propter conventionem hic constat non posse constitui obligationem. Igitur nuda pactio obligationem non parit, sed parit exceptionem.

153) *L.* 16. *ſſ.* 4. *D. de fideiuss.* (*XLVI.* 1.) (*Julianus.*) Naturales obligationes non eo solo aestimantur, si actio aliqua eorum nomine competit; verum etiam cum soluta pecunia repeti non potest. Nam licet minus proprie debere dicantur naturales

debitores, per abusionem intelligi possunt debitores: et qui ab his pecuniam recipiunt, debitum sibi recepisse.

154) *L.* 13. §. 1. *D. de re jud.* (*XLII.* 1.) (*Celsus.*) Si quis promiserit prohibere se, ut aliquid damnum stipulator patiatur et faciat: neque ex ea re damnum stipulator patiatur et faciat: ita habeatur facit, quod promisit: si minus, quia non facit, quod promisit: in pecuniam numeratam condemnatur, sicut evenit in omnibus faciendi obligationibus.

155) *L.* 138. §. 1. *D. de V. O.* (*XLV.* 1.) (*Venuleius.*) Cum pure stipulatus sum, illud aut illud dari, licebit tibi, quotiens voles, mutare voluntatem in eo quod praestaturus sis: quia diversa causa est voluntatis expressae, et ejus quae inest.

156) *L.* 4. §. 1. *D. de eo quod certo loco.* (*XIII.* 4.) (*Ulp.*) Interdum judex, qui ex hac actione cognoscit, cum sit arbitraria, absolvere reum debet, cautione ab eo exacta de pecunia ibi solvenda, ubi promissa est. Quid enim, si ibi vel oblata pecunia actori dicatur, vel deposita, vel ex facili solvenda? Nonne debebit interdum absolvere? in summa, aequitatem quoque ante oculos habere debet iudex, qui huic actioni addictus est.

157) *L.* 32. *pr. D. de usuris* (*XXII.* 1.) (*Marcian.*) Mora fieri intelligitur non ex re, sed ex persona, id est, si interpellatus opportuno loco, non solverit: quod apud judicem examinabitur. Nam, ut et Pomponius libro duodecimo epistolarum scripsit, difficilis est huius rei definitio. Divus quoque Pius Tullio Balbo rescripsit, an mora facta intelligatur, neque constitutione ulla, neque juris auctorum quaestione decidi posse: cum sit magis facti, quam juris.

158) *L.* 5. *D. de reb. cred.* (*XII.* 1.) (*Pomp.*) Quod te mihi dare oporteat, si id postea perierit, quam per te factum erit, quo minus id mihi dares, tuum fore id detrimentum constat. Sed cum quaeratur, an per te factum sit, animadverti debebit, non solum in potestate tua fuerit id, necne, aut dolo malo feceris, quo minus esset vel fuerit, necne, sed etiam, si aliqua justa causa sit, propter quam intelligere deberes, te dare oportere.

159) *L.* 12 *C. de contr. et comm. stip.* (*VIII.* 38) (*Justinian.*) Magnam legum veterum obscuritatem, quae protrahendarum litium magnam occasionem usque adhuc praebebat, amputantes, sancimus: ut si quis certo tempore facturum se aliquid vel daturum stipuletur, vel quae stipulator voluit, promiserit, et adjecerit, quod si statuto tempore minime haec perfecta fuerint, certam poenam dabit: sciat minime se posse debitor ad evitandam poenam adjicere, quod nullus eum admonuit: sed etiam citra ullam admonitionem eidem poenae pro stipulationis tenore

fiet obnoxius: cum ea quae promisit, ipse in memoria sua servare, non ab aliis sibi manifestari debeat poscere.

160) *L. 17. ſſ. 4. D. de usuris.* (*XXII.* 1.) (*Paul.*) Ex locato qui convenitur, nisi convenerit ut tardius pecuniae illatae usuras deberet, non nisi ex mora usuras praestare debet.

161) *L.* 5. *C. de act. emti.* (*IV.* 49.) (*Diocl. et Maxim.*) Curabit praeses provinciae, compellere emptorem, qui nactus possessionem fructus percepit, partem pretii, quam penes se habet cum usuris restituere: quas et perceptorum fructuum ratio et minoris aetatis favor, licet nulla mora intercesserit, generavit.

162) *L.* 3. *C. in quib. caus. in int.* (*II.* 41.) (*Diocl. et Maxim.*) In minorum persona re ipsa, et ex solo tempore tardae pretii solutionis, recepto iure moram fieri creditum est: in his videlicet, quae moram desiderant, id est, in bonae fidei contractibus, et fideicommissis, et legatis.

163) *L.* 11. *D. de peric.* (*XVIII.* 6.) (*Alf. Varus.*) Si vendita insula combusta esset, cum incendium sine culpa fieri non possit, quid iuris sit? Respondit quia sine patrisfamilias culpa fieri potest, neque si servorum negligentia factum esset, continuo dominus in culpa erit; quamobrem si venditor eam diligentiam adhibuisset in insula custodienda, quam debent homines frugi ac diligentes praestare, si quid accidisset, nihil ad eum pertinebit.

164) *L.* 31. *D. ad L. aquil.* (*IX.* 2.) (*Paul.*) Si putator, ex arbore ramum cum dejiceret, vel machinarius hominem praetereuntem occidit, ita tenetur, si is in publicum decidat, nec ille proclamavit, ut casus eius evitari possit. Sed Mucius etiam dixit, si in privato idem accidisset, posse de culpa agi; culpam autem esse, quod, cum a diligente provideri poterit, non esset provisum, aut tum denuntiatum esset, cum periculum evitari non possit. Secundum quam rationem non multum refert, per publicum, an per privatum iter fieret: cum plerumque per privata loca volgo iter fiat. Quod si nullum iter erit, dolum dumtaxat praestare debet, ne immittat in eum, quem viderit transeuntem; nam culpa ab eo exigenda non est: cum divinare non potuerit, an per eum locum aliquis transiturus sit.

164a) *L.* 137. *D. ſſ.* 2. *de V. O.* (*XLV.* 1.) (*Venulejus.*) Cum ita stipulatus sum, Ephesi dari? Inest tempus; quod autem accipi debeat, quaeritur? et magis est, ut totam eam rem ad judicem, id est, ad virum bonum remittemus, qui aestimet quanto tempore diligens paterfamilias conficere possit quod facturum se promiserit; ut, qui Ephesi daturum se spoponderit, neque duplomate, diebus ac noctibus, et omni tempestate contempta iter continuari cogatur: neque tam delicate progredi debeat, ut reprehensione dignus appareat; sed habita ratione temporis, aetatis, sexus, valetudinis: cum id agat, ut mature perveniat, id est, eodem tempore quo plerique ejusdem condicionis homines solent pervenire, eoque transacto, quamvis Romae remanserit, nec possit Ephesi pecuniam dare, nihilo minus ei recte condicetur, vel quia per ipsum steterit; quo minus Ephesi daret, vel quoniam per alium Ephesi possit dari, vel quia ubique potest solvere: nam et quod in diem debetur, ante solvi potest, licet peti non potest: quod si duplomate usus, aut felici navigatione, maturius quem quisque pervenerit Ephesum, confestim obligatus est: quia in eo quod tempore atque facto finitum est, nullus est conjecturae locus.

165) *L.* 32. *D. depositi.* (*XVI.* 3.) (*Celsus.*) Quod Nerva diceret, latiorem culpam dolum esse, Proculo displicebat; mihi verissimum videtur. Nam et si quis non ad eum modum, quem hominum natura desiderat, diligens est, nisi tamen ad suum modum curam in deposito praestat, fraude non caret: nec enim salva fide minorem iis, quam suis rebus, diligentiam praestabit.

166) *L.* 5. *ʃʃ.* 2. *D. commod.* (*XIII.* 6.) (*Ulp.*) Nunc videndum est, quid veniat in commodati actione: utrum dolus, an et culpa? an vero et omne periculum? Et quidem in contractibus interdum dolum solum, interdum et culpam praestamus: dolum, in deposito: nam, quia nulla utilitas eius versatur apud quem deponitur, merito dolus praestatur solus, nisi forte et merces accessit: tunc enim, ut est et constitutum, etiam culpa exhibetur: aut si hoc ab initio convenit, ut et culpam, et periculum praestet is, penes quem deponitur. Sed ubi utriusque utilitas vertitur, ut in empto, ut in locato, ut in dote, ut in pignore, ut in societate: et dolus et culpa praestatur. Commodatum autem plerumque solam utilitatem continet eius, cui commodatur; et ideo verior est Quinti Mucii sententia, existimantis, et culpam praestandam, et diligentiam.

167) *L.* 108. *ʃʃ.* 12. *D. de leg.* 1. (*XXX.*) (*Africanus.*) Cum quid tibi legatum, fideive tuae commissum sit, ut mihi restituas, si quidem nihil praeterea ex testamento capias, dolum malum dumtaxat in exigendo eo legato, alioquin etiam culpam te mihi praestare debere, existimavit, sicut in contractibus fidei bonae servatur, ut si quidem utriusque contrahentis commodum versetur, etiam culpa, sin unius solius, dolus malus solummodo praestetur.

168)* *L.* 23. *D. de reg. iur.* (*L.* 17.) (*Ulp.*) Contractus quidam dolum malum solum recipiunt, quidam et dolum, et culpam: dolum tantum, depositum et precarium: dolum et culpam, mandatum, commodatum, venditum, pignori acceptum, locatum, item dotis datio, tutelae, negotia gesta, in his quidem, et diligentiam: societas, et rerum communio, et dolum, et culpam recipit: sed haec ita, nisi si quid nominatim convenit, vel plus, vel minus, in singulis contractibus: nam hoc servabitur, quod initio convenit: legem enim contractus dedit: excepto eo, quod Celsus putat, non valere, si convenerit, ne dolus praestetur: hoc enim bonae fidei judicio contrarium est: et ita utimur. Animalium vero casus, mortes, quaeque sine culpa accidunt, fugae servorum, qui custodiri non solent, rapinae, tumultus, incendia, aquarum magnitudines, impetus praedonum, a nullo praestantur.

169) *L.* 137. *ſſ.* 4. *D. de V. O.* (*XLV.* 1.) (*Venul.*) Illud inspiciendum est, an qui centum dari promisit, confestim teneatur, an vero cesset obligatio, donec pecuniam conferre possit? quid ergo, si neque domi habet, neque inveniat creditorem? Sed haec recedunt ab impedimento naturali, et respiciunt ad facultatem dandi. Est autem facultas, personae commodum incommodumque, non rerum quae promittuntur; et alioquin, si quis Stichum dari spoponderit, quaeremus ubi sit Stichus: aut si non multum referre videatur, Ephesi daturum se, an quod Ephesi sit, cum ipse Romae sit, dare spondeat: nam hoc quoque ad facultatem dandi pertinet; quia in pecunia et in Sticho illud commune est, quod promissor in praesentia dare non potest. Et generaliter causa difficultatis ad incommodum promissoris, non ad impedimentum stipulatoris pertinet: ne incipiat dici, eum quoque dare non posse, qui alienum servum, quem dominus non vendat, dare promiserit.

170) *L.* 21. *ſ.* 3. *D. de act. emti.* (*XIX.* 1.) (*Paul.*) Cum per venditorem steterit quo minus rem tradat, omnis utilitas emptoris in aestimationem venit, quae modo circa ipsam rem consistit: neque enim, si potuit ex vino, puta, negotiari, et lucrum facere, id aestimandum est, non magis quam si triticum emerit, et ob eam rem, quod non sit traditum, familia eius fame laboraverit: nam pretium tritici, non servorum fame necatorum, consequitur: nec major fit obligatio, quod tardius agitur, quamvis crescat si vinum hodie pluris sit; merito: quia sive datum esset, haberem emptor, sive non; quoniam saltem hodie dandum est, quod jam olim dari oportuit.

171) *L.* 19. *D. de peric. et comm.* (*XVIII.* 6.) (*Hermog.*) Venditori si emptor in pretio solvendo moram fecerit, usuras dumtaxat praestabit; non omne omnino, quod venditor, mora non facta, consequi potuit, veluti si negotiator fuit, et, pretio soluto, ex mercibus plus, quam ex usuris, quaerere potuit.

172) *L.* 2. *ƒ.* 1. *D. de in litem jur.* (*XII.* 3.) (*Paulus.*) Interdum quod intersit agentis, solum aestimatur: veluti cum culpa non restituentis, vel non exhibentis punitur: cum vero dolus, aut contumacia non restituentis, vel non exhibentis, quanti in litem juraverit actor.

173) *L.* 4. *ƒ.* 2. *D. eod.* (*Ulp.*) Jurare autem in infinitum licet. Sed, an judex modum jurijurando statuere possit, ut intra certam quantitatem juretur ne arrepta occasione, in immensum juretur, quaero? et quidem in arbitrio esse judicis, deferre jusjurandum, necne, constat. An igitur, qui possit jusjurandum non deferre, idem possit et taxationem jurijurando adjicere, quaeritur. Arbitrio tamen bonae fidei judicis etiam hoc congruit.

174) *L.* 3. *eod.* (*Ulp.*) Nummis depositis, judicem non oportet in litem jusjurandum deferre, ut juret quisque, quod sua interfuit: cum certa sit nummorum aestimatio: nisi forte de eo quis juret, quod sua interfuit, nummos sibi sua die redditos esse: quid enim, si sub poena pecuniam debuit, aut sub pignore, quod, quia deposita ei pecunia abnegata est, distractum est?

175) *L.* 1. *ƒ.* 3. *D. de usuris.* (*XXII.* 1.) (*Papin.*) Papinianus: circa tutelae restitutionem pro favore pupillorum latior interpretatio facta est: nemo enim ambigit hodie, sive index accipiatur in diem sententiae, sive sine judice tutela restituatur, in eum diem, quo restituit, usuras praestari: plane, si tutelae judicio nolentem experiri, tutor ultro convenerit, et pecuniam obtulerit, eamque obsignatam deposuerit, ex eo tempore non praestabit usuras.

176) *L.* 1. *pr. eod.* (*Pap.*) Cum judicio bonae fidei disceptatur, arbitrio judicis usurarum modus ex more regionis, ubi contractum est, constituitur: ita tamen, ut legi non offendat.

177) *L.* 76. *D. de solut.* (*XLVI.* 3.) (*Modest.*) Modestinus respondit, si post solutum sine ullo pacto omne, quod ex causa tutelae debeatur, actiones post aliquod intervallum cessae sint: nihil ex cessione actum, cum nulla actio superfuerit: quod si ante solutionem hoc factum est, vel cum convenisset, ut mandarentur actiones, tunc solutio facta esset, mandatum subsecutum est; salvas esse mandatas actiones, cum novissimo quoque casu pretium magis mandatarum actionum solutum, quam actio, quae fuit, perempta videatur.

178) *L.* 4. *ƒ.* 27. *D. de doli except.* (*XLIV.* 4.) (*Ulp.*) De auctoris dolo exceptio emptori non objicitur. Si autem accessione auctoris utitur, aequissimum visum est eum, qui ex persona auctoris utitur accessione, pati dolum auctoris; et peraeque traditur, rei quidem cohaerentem exceptionem etiam emptori no-

ceret: eam autem, quae ex delicto personae oriatur, nocere non oportere.

179) *L.* 11. *D. de oblig. et act.* (*XLIV.* 7.) (*Paul.*) Quaecunque gerimus, cum ex nostro contractu originem trahunt, nisi ex nostra persona obligationis initium sumant, inanem actum nostrum efficiunt; et ideo neque stipulari, neque emere, vendere, contrahere, ut alter suo nomine recte agat, possumus.

180) *L.* 2. *pr. D. de admin. et peric.* (*XXVI.* 7.) (*Ulp.*) Si tutor condemnavit, sive ipse condemnatus est: pupillo, et in pupillum potius actio judicati datur: et maxime si non se liti obtulit, sed cum non posset vel propter absentiam pupilli, vel propter infantiam auctor ei esse ad accipiendum judicium: et hoc etiam Divus Pius rescripsit: et exinde multis rescriptis declaratum est, in pupillum dandam actionem judicati semper, tutore condemnato: nisi abstineatur: tunc enim nec in tutorem, nec in pupillum, nec pignora tutoris capienda esse, saepe scriptum est.

181) *L.* 10. *C. de contr. et comm. stip.* (*VIII.* 38.) (*Leo.*) Omnes stipulationes, etiamsi non solemnibus, vel directis, sed quibuscunque verbis consensu contrahentium compositae sunt, vel legibus cognitae, suam habeant firmitatem.

182) *L.* 46. *D. de O. et A.* (*XXXXIV.* 7.) (*Paul.*) Furiosus et pupillus, ubi ex re actio venit, obligantur, etiam sine curatore, vel tutoris auctoritate: veluti si communem fundum habeo cum his, et aliquid in eum impendero, vel damnum in eo pupillus dederit. Nam judicio communi dividundo obligabuntur.

183) *L.* 21. *ff.* 5. *D. quod metus* (*IV.* 2.) (*Paul.*) Si metu coactus adii hereditatem, puto me heredem effici, quia quamvis si liberum esset, noluissem, tamen coactus volui: sed per praetorem restituendus sum, ut abstinendi mihi potestas tribuatur.

184) *L.* 116. *pr. D. de R. J.* (*L.* 17.) (*Ulp.*) Nihil consensui tam contrarium est, qui ac bonae fidei judicia sustinet, quam vis, atque metus: quem comprobare, contra bonos mores est.

185) *L.* 10. *C. de resc. vend.* (*IV.* 44.) (*Dioclet. et Max.*) Dolus emtoris qualitate facti, non quantitate pretii aestimatur. Quem si fuerit intercessisse probatum, non adversus eum, in quem emtor dominium transtulit, rei vindicatio venditori, sed contra illum, cum quo contraxerat, in integrum restitutio competit.

186) *L.* 18. *ff.* 3. *D. de dolo.* (*IV.* 3.) (*Paul.*) De eo, qui sciens commodasset pondera, ut venditor emtori merces adpenderet, Trebatius de dolo dabat actionem. Atquin si majora pondera commodavit: id quod amplius mercis datum est, repeti condictione potest: si minora, ut reliqua merx detur, ex emto potest: nisi si ea condicione merx venit, ut illis ponde-

ribus traderetur: cum ille decipiendi causa affirmasset, se aequa pondera habere.

187) *L.* 57 *D. de O. et A.* (*XLIV.* 7.) (*Pomp.*) In omnibus negotiis contrahendis, sive bona fide sint, sive non sint, si error aliquis intervenit, ut aliud sentiat, puta, qui emit, aut qui conducit, aliud qui cum his contrahit: nihil valet, quod acti sit. Et idem in societate quoque coëunda respondendum est, ut si dissentiant, aliud alio existimante, nihil valet ea societas, quae in consensu consistit.

188) *L.* 11. *§.* 1. *D. de contr. emt.* (*XVIII.* 1.) (*Ulp.*) Quod si ego me virginem emere putarem, cum esset jam mulier; emtio valebit: in sexu enim non est erratum. Ceterum si ego mulierem venderem, tu puerum emere existimasti, quia in sexu error est, nulla emptio, nulla venditio est.

189) *L.* 14. *eod.* (*Ulp.*) Quid tamen dicemus, si in materia et qualitate ambo errarent? Ut puta si et ego me vendere aurum putarem, et tu emere, cum aes esset? Ut puta coheredes viriolam, quae aurea dicebatur, pretio exquisito uni haeredi vendidissent, eaque inventa esset magna ex parte aenea? Venditionem esse constat ideo, quia auri aliquid habuit: nam si inauratum aliquid sit, licet ego aureum putem, valet venditio: si autem aes pro auro veneat, non valet.

190) *L.* 52. *D. locati* (*XIX.* 2.) (*Pomp.*) Si decem tibi locem fundum, tu autem existimes quinque te conducere, nihil agitur. Sed et si ego minoris me locare sensero, tu pluris te conducere, utique non pluris erit conductio, quam quanti ego putavi.

191) *L.* 10. *D. de contr. emt.* (*XVIII.* 1.) (*Paul.*) Aliter atque si aurum quidem fuerit, deterius autem quam emtor existimaret, tunc enim emtio valet.

192) *L.* 45. *eod.* (*Marcian.*) Labeo libro posteriorum scribit, si vestimenta interpola quis pro novis emerit, Trebatio placere, ita emtori praestandum, quod interest, si ignorans interpola emerit: quam sententiam et Pomponius probat, in qua et Julianus est: qui ait, si quidem ignorabat venditor, ipsius rei nomine teneri; si sciebat, etiam damni, quod ex eo contingit: quemadmodum, si vas aurichalcum pro auro vendidisset ignorans, tenetur, ut aurum, quod vendidit, praestet.

193) *L.* 65. *§* 2. *D. de cond. indeb.* (*XII.* 6.) (*Paul.*) Id quoque quod ob causam datur, puta quod negotia mea adjuta ab eo putavi, licet non sit factum: quia donari volui quamvis falso mihi persuaserim, repeti non posse.

194) *L.* 5. *§* 1. *D. de actione emt.* (*XIX.* 1.) (*Paul.*) Sed si falso existimans se damnatum vendere, vendiderit, dicendum est,

agi cum eo ex emto non posse, quoniam doli mali exceptione actor summoveri potest: quemadmodum si falso existimans, se damnatum dare, promisisset, agentem doli mali exceptione summoveret. Pomponius autem incerti condicere eum posse ait, ut liberetur.

195) *L.* 41. *ʃ.* 1. *D. de V. O.* (*XLV.* 1.) (*Ulp.*) Quotiens autem in obligationibus dies non ponitur, praesenti die pecunia debetur: nisi si locus adjectus spatium temporis inducat, quo illo possit perveniri. Verum dies adjectus efficit, ne praesenti die pecunia debeatur. Ex quo apparet, diei adjectionem pro reo esse, non pro stipulatore.

196) *L.* 15. *D. de cond. instit.* (*XXVIII.* 7.) (*Pap.*) Filius qui fuit in potestate, sub conditione scriptus heres, quam senatus aut Princeps improbant, testamentum infirmet patris, ac si conditio non esset in ejus potestate: nam quae facta laedunt pietatem, existimationem, verecundiam nostram, et ut generaliter dixerim, contra bonos mores fiunt: nec facere nos posse credendum est.

197) *L.* 7. *ʃ.* 3. *D. de pactis.* (*II.* 14.) (*Ulp.*) Si ob maleficium, ne fiat, promissum sit, nulla est obligatio ex hac conventione.

198) *L.* 27. *ʃ.* 4. *eod.* (*Paul.*) Pacta, quae turpem causam continent, non sunt observanda: veluti si paciscar, ne furti agam, vel injuriarum, si feceris: expedit enim timere furti vel injuriarum poenam. Sed post admissa haec, pacisci possumus. Item ne experiar interdicto unde vi, quatenus publicam causam contingit, pacisci non possumus. Et in summa si pactum conventum a re privata remotum sit, non est servandum. Ante omnia enim animadvertendum est, ne conventio in alia re facta, aut cum alia persona, in alia re, aliave persona noceat.

199) *L.* 38. *eod.* (*Pap.*) Jus publicum privatorum pactis mutari non potest.

200) *L.* 45. *ʃ.* 1. *D. de R. I.* (*L.* 17.) (*Ulp.*) Privatorum conventio juri publico non derogat.

201) *L.* 27. *eod.* (*Pomp.*) Nec ex praetorio, nec ex solemni jure, privatorum conventione quicquam immutandum est, quamvis obligationum causae pactione possint immutari, et ipso jure, et per pacti conventi exceptionem: quia actionum modus, vel lege, vel per praetorem introductus, privatorum pactionibus non infirmatur, nisi tunc, cum inchoatur actio, inter eos convenit.

202) *L.* 2. *C. de inut. stip.* (*VIII.* 39.) (*Imp. Alex.*) Libera matrimonia esse antiquitus placuit: ideoque pacta, ne liceret divertere, non valere, et stipulationes, quibus poenae irrogarentur ei, qui quaeve divortium fecisset, ratas non haberi constat.

203) *L.* 33. *ʃ*. 1. *D. ad L. Aquil.* (*IX*. 2.) (*Paul.*) In damnis, quae lege Aquilia non tenentur, in factum datur actio.

204) *L.* 11. *D. de praescr. verb.* (*XIX*. 5.) (*Pomp.*) Quia actionum non plenus numerus esset, ideo plerumque in factum actiones desiderantur. Sed et eas actiones, quae legibus proditae sunt, si lex justa ac necessaria sit, supplet praetor in eo, quod legi deest: quod facit in lege Aquilia, reddendo actiones in factum accommodatas legi Aquiliae: idque utilitas ejus legis exigit.

205) *L.* 40. *D. ad L. Aqu.* (*IX*. 2.) (*Paul.*) In lege Aquilia, si deletum chirographum mihi esse dicam, in quo sub condicione mihi pecunia debita fuerit, et interim testibus quoque id probare possim, qui testes possunt non esse, eo tempore, quo condicio exstitit, et si summatim re exposita, ad suspicionem judicem adducam, debeam vincere: sed tunc condemnationis exactio competit, cum debiti condicio exstiterit: quod si defecerit, condemnatio nullas vires habebit.

206) *L.* 151. *D. de R. J.* (*L.* 17.) (*Paul.*) Nemo damnum facit, nisi qui id fecit, quod facere jus non habet.

206 a) *ʃ*. 16. *I. de lege Aquilia.* (*IV*. 3.) Ceterum placuit, ita demum directam ex hac lege actionem esse, si quis praecipue corpore suo damnum dederit. Ideoque in eum, qui alio modo damnum dederit, utiles actiones dari solent: veluti si quis hominem alienum, aut pecus ita incluserit, ut fame necaretur: aut jumentum tam vehementer egerit, ut rumperetur: aut pecus in tantum exagitaverit, ut praecipitaretur: aut si quis alieno servo persuaserit, ut in arborem ascenderet, vel in puteum descenderet, et is ascendendo vel descendendo, aut mortuus, aut aliqua corporis parte laesus fuerit: utilis actio in eum datur. Sed si quis alienum servum, aut de ponte, aut de ripa in flumen dejecerit, et is suffocatus fuerit: eo quod projecit, corpore suo damnum dedisse non difficulter intelligi poterit: ideoque ipsa lege Aquilia tenetur. Sed si non corpore damnum datum, neque corpus laesum fuerit, sed alio modo damnum alicui contigerit: cum non sufficiat, neque directa, neque utilis Aquilia: placuit eum, qui obnoxius fuerit, in factum actione teneri: veluti si quis misericordia ductus, alienum servum compeditum solverit, ut fugeret.

207) *L.* 7. *ʃ*. 7. *D. de dolo* (*IV*. 3) (*Ulp.*) Idem Labeo quaerit, si compeditum servum meum, ut fugeret, solveris, an de dolo actio danda sit? Et ait Quintus apud eum notans: si non misericordia ductus fecisti, furti teneris: si misericordia, in factum actionem dari debere.

208) *L.* 4. *ʃ*. 31. *D. de doli exc.* (*XLIV*. 4.) (*Ulp.*) Auctoris autem dolus, sicut diximus, emptori non objicitur. Sed hoc

in emptore solo servabimus: item in eo qui permutaverit, vel in solutum accepit: item in similibus qui vicem emptorum continent. Ceterum si noxae deditus quis sit, Pomponius putat passurum exceptionem, quam ille pateretur, qui noxae dedit. Proinde ex quacunque alia causa, quae prope lucrativam habet adquisitionem, quaesisse quis videatur, patietur exceptionem doli ex persona eius in cuius locum successit. Sufficit enim, si is qui pretium dedit, vel vice pretii, cum sit bona fide emptor, ut non patiatur doli exceptionem ex persona auctoris: utique si ipse dolo caret. Ceterum, si ipse dolo non careat, pervenietur ad doli exceptionem, et patietur de dolo suo exceptionem.

209) *L.* 4. *ſſ.* 13. *D. eod.* (*Ulp.*) Marcellus ait, adversus doli exceptionem non dari replicationem doli. Labeo quoque in eadem opinione est: ait enim iniquum esse, communem malitiam petitori quidem praemio esse, ei vero cum quo ageretur, poenae esse: cum longe aequum sit, ex eo quod perfide gestum est, actorem nihil consequi.

210) *L.* 61. *D. de solut.* (*XLVI.* 3.) (*Paul.*) In perpetuum quotiens id, quod tibi debeam, ad te pervenit, et tibi nihil absit, nec quod solutum est, repeti posset, competit liberatio.

211) *L.* 17. *D. de O. et A.* (*XLIV.* 7.) (*Jul.*) Omnes debitores, qui speciem ex causa lucrativa debent, liberantur, cum ea species ex causa lucrativa ad creditores pervenisset.

212) *L.* 38. *pr. D. de solut.* (*XLVI.* 3.) (*Afric.*) Cum quis sibi aut Titio dari stipulatus sit, magis esse ait, ut ita demum recte Titio solvi dicendum sit, si in eodem statu maneat, quo fuit, cum stipulatio interponeretur: ceterum sive in adoptionem, sive in exilium ierit, vel aqua et igni ei interdictum, vel servus factus sit, non recte ei solvi dicendum: tacite enim inesse haec conventio stipulationi videtur, si in eadem causa maneat,

213) *L.* 19. *ſſ.* 1. *D de acceptil.* (*XLVI.* 4.) (*Ulp.*) Inter acceptilationem et apocham hoc interest, quod acceptilatione omnimodo liberatio contingit, licet pecunia soluta non sit: apocha non alias, quam si pecunia soluta sit.

213 a) *L.* 29. *D. de nov.* (*XLVI.* 2.) (*Paulus.*) Aliam causam esse novationis voluntariae, aliam judicii accepti, multa exempla ostendunt. Perit privilegium dotis et tutelae, si post divortium dos in stipulationem deducatur, vel post pubertatem tutelae actio novetur, si id specialiter, actum est, quod nemo dixit lite contestata: neque enim deteriorem causam nostram facimus actionem exercentes, sed meliorem: ut solet dici in his actionibus, quae tempore vel morte finiri possunt.

214) *L.* 11. *pr. eod.* (*Ulp.*) Delegare est vice sua alium reum dare creditori, vel cui jusserit. §. 1. Fit autem delegatio vel per stipulationem, vel per litis contestationem.

215) *L.* 93 *pr. D. de solut.* (*XLVI.* 3.) (*Scaev.*) Si duo rei sint stipulandi et alter alterum heredem scripsit, videndum, an confundatur obligatio? Placet non confundi. Quo bonum est hoc dicere? Quod si intendat dari sibi oportere, vel ideo dari oportet ipsi, quod heres exstitit: vel ideo quod proprio nomine ei deberetur: atquin magna est hujus rei differentia: nam si alter ex reis pacti conventi temporali exceptione summoveri poterit, intererit, is qui heres exstitit, utrumve suo nomine an hereditario experiatur: ut ita possis animadvertere, exceptioni locus sit, nec ne. §. 1. Item si duo rei sint promittendi, et alter alterum heredem scripsit: confunditur obligatio. §. 2. Sed et si reus heredem fidejussorem scripserit, (non) confunditur obligatio: et quasi generale quid retinendum est, ut, ubi ei obligationi, quae sequelae locum obtinet, principalis accedit, confusa sit obligatio: quotiens duae sint principales, altera alteri potius adjicitur ad actionem, quam confusionem parere.

216) *L.* 6. *D. de compens.* (*XVI.* 2.) (*Ulp.*) Etiam, quod natura debetur, venit in compensationem.

217) *L.* 14. *eod.* (*Javol.*) Quaecumque per exceptionem perimi possunt, in compensationem non veniunt.

218) *L.* 2. *C. eodem* (*IV.* 31.) (*Imp. Antonin.*) Ex causa quidem judicati si debitum solutum repeti non potest, ea propter nec compensatio ejus admitti potest. Eum vero, qui judicati convenitur, compensationem pecuniae sibi debitae implorare posse nemini dubium est.

219) *§.* 30. *Inst. de act.* (*IV.* 6.) In bonae fidei autem iudiciis libera potestas permitti videtur iudici ex bono et aequo aestimandi, quantum actori restitui debeat. In quo et illud continetur, ut si quid invicem praestare actorem oporteat: eo compensato, in reliquum is, cum quo actum est, debeat condemnari. Sed et in strictis iudiciis ex rescripto Divi Marci, opposita doli mali exceptione, compensatio inducebatur. Sed nostra Constitutio eas compensationes, quae jure aperto nituntur, latius introduxit; ut actiones ipso jure minuant, sive in rem, sive in personam, sive alias quascumque: excepta sola depositi actione, cui aliquid compensationis nomine opponi, satis impium esse credidimus: ne sub praetextu compensationis, depositarum rerum quis exactione defraudetur.

220) *L.* 4. *D. de compens.* (*XVI.* 2.) (*Paul.*) Verum est quod et Neratio placebat, et Pomponius ait: ipso jure eo minus

fidejussorem ex omni contractu debere, quod ex compensatione reus retinere potest: sicut enim cum totum peto a reo, male peto, ita et fidejussor non tenetur ipso jure in majorem quantitatem, quam reus condemnari potest.

221) *L.* 30. *D. de cond. indeb.* (*XII.* 6.) (*Ulp.*) Qui invicem creditor, idemque debitor est, in his casibus, in quibus compensatio locum non habet, si solvit, non habet condictionem, veluti indebiti soluti, sed sui crediti petitionem.

222) *L.* 60. *pr. eod.* (*Paul.*) Julianus verum debitorem post litem contestatam, manente adhuc judicio, negabat solventem repetere posse: quia nec absolutus sit, nec condemnatus repetere posset; licet enim absolutus sit, natura tamen debitor permanet: similemque esse ei dicit, qui ita promisit, sive navis ex Asia venerit, sive non venerit: quia ex una causa alterius *solutionis* origo proficiscitur.

223) *L.* 28. *eod.* (*Paul.*) Judex si male absolvit, et absolutus sua sponte solverit, repetere non potest.

224) *L.* 8. *§.* 1. *D. rat. r. hab.* (*XLVI.* 8.) (*Venulejus.*) Si procurator a debitore pecuniam exegerit, et satisdederit, dominum ratam rem habere, mox dominus de eadem pecunia egit, et litem amiserit: committi stipulationem: et si procurator eandem pecuniam domino sine judice solverit, condicturum: sed cum debitor ex stipulatu agere coeperit, potest dici dominum, si defensionem procuratoris suscipiat, non inutiliter doli mali exceptione adversus debitorem uti: quia naturale debitum manet.

225) *L.* 1. *pr. D. de contr. emt.* (*XVIII.* 1.) (*Paul.*) Origo emendi vendendique a permutationibus coepit: olim enim non ita erat nummus: neque aliud merx, aliud pretium vocabatur: sed unusquisque secundum necessitatem temporum, ac rerum, utilibus inutilia permutabat, quando plerumque evenit, ut, quod alteri superest, alteri desit: sed quia non semper, nec facile concurrebat, ut, cum tu haberes, quod ego desiderarem, invicem haberem, quod tu accipere velles, electa materia est, cuius publica ac perpetua aestimatio difficultatibus permutationum, aequalitate quantitatis subveniret: eaque materia forma publica percussa, usum dominiumque non tam ex substantia praebet, quam ex quantitate: nec ultra merx utrumque, sed alterum pretium vocatur.

226) *L.* 16. *pr. eod.* (*Pomp.*) Suae rei emtio non valet, sive sciens, sive ignorans emi: sed si ignorans emi, quod solvero repetere potero, quia nulla obligatio fuit.

227) *L.* 34. *§.* 4. *eod.* (*Paul.*) Rei suae emtio tunc valet, cum ab initio agatur, ut possessionem emat, quam forte venditor habuit: et in judicio possessionis potior esset.

228) *L.* 11. *ʃ.* 2. *D. de act. emt.* (*XIX.* 1.) (*Ulp.*) Et in primis ipsam rem praestare venditorem oportet, id est, tradere quae res, si quidem dominus fuit venditor, facit et emtorem dominum: si non fuit, tantum evictionis nomine venditorem obligat: si modo pretium est numeratum, aut eo nomine satisfactum. Emtor autem nummos venditoris facere cogitur.

229) *L.* 25. *ʃ.* 1. *D. de contr. emt.* (*XVIII.* 1.) (*Ulp.*) Qui vendidit, necesse non habet fundum emptoris facere: ut cogitur, qui fundum stipulanti spopondit.

230) *L.* 16. *D. de cond. causa data* (*XII.* 4.) (*Cels.*) Dedi tibi pecuniam, ut mihi Stichum dares: utrum id contractus genus pro portione emptionis et venditionis est? an nullá hic alia obligatio est, quam ob rem dati re non secuta? In quod proclivior sum: et ideo, si mortuus est Stichus, repetere possum, quod ideo tibi dedi, ut mihi Stichum dares. Finge alienum esse Stichum, sed te tamen eum tradidisse: repetere a te pecuniam potero, quia hominem accipientis non feceris: et rursus si tuus est Stichus, et pro evictione eius promittere non vis, non liberaberis, quo minus a te pecuniam repetere possim.

231) *L.* 75. *ʃ.* 10. *D. de V. O.* (*XLV.* 1.) (*Ulp.*) Haec stipulatio, Fundum Tusculanum dari? ostendit se certi esse: continetque, ut dominium omni modo efficiatur stipulatoris quoque modo.

232) *L.* 50. *D. de act. emti.* (*XIX.* 1.) (*Labeo.*) Bona fides non patitur, ut, cum emtor alicujus legis beneficio pecuniam rei venditae debere desisset, antequam res ei tradatur, venditor tradere compelletur, et re sua careret: possessione autem tradita futurum est, ut rem venditor aeque amitteret, utpote cum petenti eam rem (emtor exceptionem rei venditae et traditae objiciat, ut perinde habeatur, ac si) petitor ei neque vendidisset, neque tradidisset.

233) *L.* 31. *ʃ.* 11. *D. de aedil. ed.* (*XXI.* 1.) (*Ulp.*) Si mancipium, quod redhiberi oportet, mortuum erit, hoc quaeretur, numquid culpa emptoris, vel familiae eius, vel procuratoris homo demortuus sit: nam si culpa eius decessit, pro vivo habendus est: et praestentur ea omnia, quae praestarentur, si viveret. §. 12. Culpam omnem accipiemus non utique latam: propter quod dicendum est, quamcumque occasionem morti emptor praestitit, debere eum: etiam si non adhibuit medicum, ut sanari possit, vel malum adhibuit, sed culpa sua.

234) *L.* 38. *pr. D. de damno inf.* (*XXXIX.* 2.) (*Paul.*) Emptor aedium ante traditam sibi possessionem ideo inutiliter stipulatur, quia venditor omnem diligentiam ei praestare debet:

tunc certe utiliter stipulatur, cum omnis culpa a venditore aberit: veluti si precario emptori in his aedibus esse permisit, custodiamque ei afuturus tradidit.

235) *L.* 3. *D. de peric.* (*XVIII.* 6.) (*Paul.*) Custodiam autem venditor talem praestare debet, quam praestant hi, quibus res commodata est: ut diligentiam praestet exactiorem, quam in suis rebus adhiberet.

236) *L.* 2. *ſſ.* 1. *eod.* (*Gajus.*) Custodiam autem ante admetiendi diem qualem praestare venditorem oporteat, utrum plenam, ut et diligentiam praestet, an vero dolum dumtaxat, videamus? Et puto, eam diligentiam venditorem adhibere debere, ut fatale damnum, vel vis magna, sit excusatum.

237) *L.* 62. *ſſ.* 2. *D. de contr. emt.* (*XVIII.* 1.) (*Modest.*) Res in aversione emta, si non dolo venditoris factum sit, ad periculum emtoris pertinebit: etiam si res adsignata non est.

238) *ſſ.* 3. *Inst. de emt.* (*III.* 24.) . . . . Quod si fugerit homo, qui veniit, aut subreptus fuerit, ita ut neque dolus, neque culpa venditoris interveniat, animadvertendum erit, an custodiam ejus usque ad traditionem venditor susceperit. Sane enim si suscepit, ad ipsius periculum is casus pertinet: si non suscepit, securus est. Idem et in ceteris animalibus ceterisque rebus intelligimus. . . . .

239) *L.* 22. *ſſ.* 1. *D. locati* (*XIX.* 2.) (*Paul.*) Quotiens autem faciendum aliquid datur, locatio est. §. 2. Cum insulam aedificandam loco, ut sua impensa conductor omnia faciat, proprietatem quidem eorum ad me transfert, et tamen locatio est: locat enim artifex operam suam, id est, faciendi necessitatem.

240) *L.* 25. *ſſ.* 7. *eod.* (*Gajus.*) Qui columnam transportandam conduxit, si ea dum tollitur, aut portatur, aut reponitur, fracta sit, ita id periculum praestat, si qua ipsius, eorumque, quorum opera uteretur, culpa acciderit: culpa autem abest, si omnia facta sunt, quae diligentissimus quisque observaturus fuisset. Idem scilicet intelligemus, et si dolia vel tignum transportandum aliquis conduxerit. Idemque etiam ad ceteras res transferri potest.

241) *L.* 30. *eod.* (*Florentin.*) Opus, quod aversione locatum est, donec adprobetur, conductoris periculum est. Quod vero ita conductum sit, ut in pedes mensurasve praestetur, eatenus conductoris periculo est, quatenus admensum non sit: et in utraque causa nociturum locatori, si per eum steterit, quo minus opus adprobetur, vel admetiatur. Si tamen vi majore opus prius interciderit, quam adprobaretur, locatoris periculo est: nisi si aliud actum sit: non enim amplius praestari locatori oporteat, quam quod sua cura atque opera consecutus esset.

242) *L.* 25. *C. eod.* (*IV.* 65.) (*Diocl. et Maxim.*) Si quis conductionis titulo agrum, vel aliam quamcunque rem accepit: possessionem prius restituere debet, et tunc de proprietate litigare.

243) *L.* 28. *C. eod.* (*Diocl. et Maxim.*) In judicio tam locati quam conducti, dolum et custodiam, non etiam casum, cui resisti non potest, venire constat.

244) *L.* 3. *C. eod.* (*Antonin.*) Aede, quam te conductam habere dicis, si pensionem domino in solidum solvisti, invitam te expelli non oportet, nisi propriis usibus dominus eam necessariam esse probaverit, aut corrigere domum maluerit, aut tu male in re locata versata es.

245) *L.* 13. *§.* 11. *D. eod.* (*XIX.* 2.) (*Ulp.*) Qui impleto tempore conductionis, remansit in conductione, non solum reconduxisse videbitur, sed etiam pignora videntur durare obligata. Sed hoc ita verum est, si non alius pro eo in priore conductione res obligaverat: huius enim novus consensus erit necessarius. Eadem causa erit, et si Reipublicae praedia locata fuerint. Quod autem diximus, taciturnitate utriusque partis colonum reconduxisse videri, ita accipiendum est, ut in ipso anno, quo tacuerunt, videantur eandem locationem renovasse, non etiam in sequentibus annis: et si lustrum forte ab initio fuerat conductioni praestitutum; sed et si secundo quoque anno post finitum lustrum nihil fuerit contrarium actum, eandem videri locationem in illo anno permansisse: hoc enim ipso, quo tacuerunt, consensisse videntur, et hoc deinceps in unoquoque anno observandum est. In urbanis autem praediis alio jure utimur: ut, prout quisque habitaverit, ita et obligetur: nisi in scriptis certum tempus conductioni comprehensum est.

245 a) *L.* 18. *pr. commod.* (*XIII.* 6.) (*Gajus.*) In rebus commodatis talis diligentia praestanda est, qualem quisque diligentissimus paterfamilias suis rebus adhibet: ita ut tantum eos casus non praestet, quibus resisti non possit: veluti mortes servorum, quae sine dolo et culpa ejus accidunt, latronum hostiumve incursus, piratarum insidias, naufragium, incendium, fugas servorum, qui custodiri non solent. Quod autem de latronibus, et piratis, et naufragio diximus, ita scilicet accipiemus, si in hoc commodata sit alicui res, ut eam rem peregre secum ferat: alioquin si cui ideo argentum commodaverim, quod is amicos ad cenam invitaturum se diceret, et id peregre secum portaverit, sine ulla dubitatione, etiam piratarum, et latronum, et naufragii casum praestare debet. Haec ita, si dumtaxat accipientis gratia commodata sit res. At si utriusque, veluti si communem amicum ad cenam invitaverimus, tuque ejus rei curam suscepisses, et ego tibi argen-

tum commodaverim, scriptum quidem apud quosdam invenio, quasi dolum tantum praestare debeas. Sed videndum est, ne et culpa praestanda sit: ut ita culpae fiat aestimatio, sicut in rebus pignori datis et dotalibus aestimari solet.

246) *L.* 11. *ʃʃ.* 1. *D. de reb. cred.* (*XII.* 1.) (*Ulp.*) Si tibi dedero decem sic, ut novem debeas, Proculus ait, et recte, non amplius te ipso jure debere, quam novem. Sed si dedero, ut undecim debeas, putat Proculus, amplius quam decem condici non posse. §. 2. Si fugitivus servus nummos tibi crediderit, an condicere tibi dominus possit, quaeritur? Et quidem si servus meus, cui concessa est peculii administratio, crediderit tibi, erit mutua. Fugitivus autem, vel alius servus, contra voluntatem domini credendo, non facit accipientis. Quid ergo? Vindicari nummi possunt, si exstant: aut, si dolo malo desinant possideri, ad exhibendum agi. Quod si sine dolo malo consumpsisti, condici tibi poterunt.

247) *L.* 15. *eod.* (*Ulp.*) Singularia quaedam recepta sunt circa pecuniam creditam. Nam si tibi debitorem meum jussero dare pecuniam, obligaris mihi quamvis meos nummos non acceperis. Quod igitur in duabus personis recipitur, hoc et in eadem persona recipiendum est: ut, cum ex causa mandati pecuniam mihi debeas, et convenerit, ut crediti nomine eam retineas, videatur mihi data pecunia, et a me ad te profecta.

248) *L.* 17. *pr. D. de pactis.* (*II.* 14.) (*Paul.*) Si tibi decem dem, et paciscar, ut viginti mihi debeantur, non nascitur obligatio ultra decem. Re enim non potest obligatio contrahi, nisi quatenus datum sit.

249) *L.* 3. *D. de reb. cred.* (*XII.* 1.) (*Pomp.*) Cum quid mutuum dederimus, etsi non cavimus, ut aeque bonum nobis redderetur, non licet debitori deteriorem rem, quae ex eodem genere sit, reddere: veluti, vinum novum pro vetere, nam in contrahendo quod agitur, pro cauto habendum est: id autem agi intelligitur: ut ejusdem generis, et eadem bonitate solvatur, qua datum sit.

250) *L.* 14. *eod.* (*Ulp.*) Si filiusfamilias contra Senatusconsultum mutuatus pecuniam solverit, patri nummos vindicanti nulla exceptio objicietur: sed si fuerint consumpti a creditore nummi, Marcellus ait, cessare condictionem: quoniam totiens condictio datur, quotiens ex ea causa numerati sunt, ex qua actio esse potuisset, si dominium ad accipientem transisset: in proposito autem non esset. Denique per errorem soluti contra Senatusconsultum crediti magis est cessare repetitionem.

251) *L.* 1. *ʃʃ.* 1. *D. de praescr. verb.* (*XIX.* 5.) (*Papin.*) Domino mercium in magistrum navis, si sit incertum, utrum

navem conduxerit, an merces vehendas locaverit, civilem actionem in factum esse dandam, Labeo scribit.

252) *L. 5. D. de praescr. verb. (XIX. 5.) (Paulus.)* Naturalis meus filius servit tibi, et tuus filius mihi: convenit inter nos, ut et tu meum manumitteres, et ego tuum: ego manumisi: tu non manumisisti: qua actione mihi teneris quaesitum est. In hac quaestione totius ob rem dati tractatus inspici potest: qui in his competit speciebus. Aut enim do tibi, ut des: aut do, ut facias: aut facio, ut des: aut facio, ut facias. In quibus quaeritur, quae obligatio nascatur. §. 1. Et si quidem pecuniam dem ut rem accipiam, emtio et venditio est: sin autem rem do, ut rem accipiam, quia non placet permutationem rerum emtionem esse, dubium non est nasci civilem obligationem: in qua actione id veniet, non ut reddas, quod acceperis, sed ut damneris mihi, quanti interest mea, illud, de quo convenit, accipere: vel, si meum recipere velim, repetatur quod datum est, quasi ob rem datam, re non secuta. Sed si scyphos tibi dedi, ut Stichum mihi dares, periculo meo Stichus erit: ac tu dumtaxat culpam praestare debes. Explicitus est articulus ille, do, ut des. §. 2. At cum do, ut facias, si tale sit factum, quod locari solet, puta ut tabulam pingas, pecunia data, locatio erit: sicut superiore casu emtio: si res, non erit locatio, sed nascetur vel civilis actio in hoc, quod mea interest, vel ad repetendum condictio. Quod si tale est factum, quod locari non possit, puta ut servum manumittas, sive certum tempus adjectum est, intra quod manumittatur, idque, cum potuisset manumitti, vivo servo transierit, sive finitum non fuit, et tantum temporis consumptum sit, ut potuerit debueritque manumitti, condici ei potest, vel praescriptis verbis agi. Quod his, quae diximus, convenit. Sed si dedi tibi servum, ut servum tuum manumitteres, et manumisisti, et is, quem dedi, evictus est: si sciens dedi, de dolo in me dandam actionem Julianus scribit: si ignorans, in factum civilem. §. 3. Quod si faciam, ut des, et posteaquam feci, cessas dare, nulla erit civilis actio, et ideo de dolo dabitur. §. 4. Sed, si facio, ut facias, haec species tractatus plures recipit. Nam si pacti sumus, ut tu a meo debitore Carthagine exigas, ego a tuo Romae: vel, ut tu in meo, ego in tuo solo aedificem, et ego aedificavi, et tu cessas, in priorem speciem mandatum quodammodo intervenisse videtur: sine quo exigi pecunia alieno nomine non potest: quamvis enim et impendia sequantur, tamen mutuum officium praestamus: et potest mandatum ex pacto etiam naturam suam excedere. Possum enim tibi mandare, ut et custodiam mihi praestes, et non plus impendas in exigendo, quam decem: et si eandem quantitatem impenderemus, nulla dubitatio

est: sin autem alter fecit, ut et hic mandatum intervenisse videatur, quasi refundamus invicem impensas: neque enim de re tua tibi mando. Sed tutius erit, et in insulis fabricandis, et in debitoribus exigendis, praescriptis verbis dari actionem: quae actio similis erit mandati actioni: quemadmodum in superioribus casibus, locationi et emtioni. §. 5. Si ergo haec sunt, ubi de faciendo ab utroque convenit, et in proposita quaestione idem dici potest: et necessario sequitur, ut ejus fiat condemnatio, quanti interest mea, servum habere, quem manumisi. An deducendum erit, quod libertum habeo? Sed hoc non potest aestimari.

253) *L.* 1. *ſſ.* 1. *D. de aestimat.* (*XIX.* 3.) (*Ulp.*) Aestimatio autem periculum facit ejus, qui suscepit: aut igitur ipsam rem debebit incorruptam reddere, aut aestimationem, de qua convenit.

254) *L.* 3. *ſſ.* 2. *D. de condict. causa data.* (*XII.* 4.) (*Ulp.*) Sed si tibi dedero, ut Stichum manumittas, si non facis, possum condicere: aut si me poeniteat, condicere possum. §. 3. Quid, si ita dedi, ut intra certum tempus manumittas? si nondum tempus praeteriit, inhibenda erit repetitio, nisi poeniteat: quod si praeteriit, condici poterit. Sed si Stichus decesserit, an repeti, quod datum est, possit? Proculus ait, si post id temporis decesserit, quo manumitti potuit, repetitionem esse: si minus, cessare.

255) *L.* 5. *pr. eod.* (*Ulp.*) Si pecuniam ideo acceperis, ut Capuam eas, deinde parato tibi ad proficiscendum condicio temporis vel valetudinis impedimento fuerit, quo minus proficiscereris, an condici possit, videndum? Et cum per te non steterit, potest dici repetitionem cessare: sed cum liceat poenitere ei, qui dedit, procul dubio repetetur id quod datum est: nisi forte tua intersit, non accepisse te ob hanc causam pecuniam: nam si ita res se habeat, ut licet nondum profectus sis, ita tamen composueris, ut necesse habeas proficisci, vel sumptus, qui necessarii fuerunt ad profectionem, jam fecisti, ut manifestum sit te plus forte, quam accepisti erogasse, condictio cessabit: sed si minus erogatum sit, condictio locum habebit: ita tamen, ut indemnitas tibi praestetur ejus, quod expendisti.

256) *L.* 30. *D. pro soc.* (*XVII.* 2.) (*Paul.*) Mucius libro quarto decimo scribit, non posse societatem coïri, ut aliam damni, aliam lucri partem socius ferat. Servius in notatis Mucii ait, nec posse societatem ita contrahi: neque enim lucrum intelligitur, nisi omni damno deducto: neque damnum, nisi omni lucro deducto: sed potest coïri societas ita, ut ejus lucri, quod reliquum in so-

cietate sit, omni damno deducto, pars alia feratur: et ejus damni, quod similiter relinquatur, pars alia capiatur.

257) *L.* 74. *eod.* (*Paul.*) Si quis societatem contraxerit, quod emit ipsius fit, non commune: sed societatis judicio cogitur rem communicare.

258) *L.* 60. *pr. eod.* (*Pomp.*) Socium, qui in eo, quod ex societate lucri faceret, reddendo moram adhibuit, cum ea pecunia ipse usus sit, usuras quoque eum praestare debere, Labeo ait: sed non quasi usuras, sed quod socii intersit, moram eum non adhibuisse: sed si aut usus ea pecunia non sit, aut moram non fecerit, contra esse. Item post mortem socii nullam talem aestimationem ex facto heredis faciendam: quia morte socii dirimatur societas.

259) *L.* 52. *§.* 2. *eod.* (*Ulp.*) Utrum ergo tantum dolum, an etiam culpam, praestare socium oporteat, quaeritur? et Celsus libro septimo Digestorum ita scripsit, socios inter se dolum et culpam praestare oportet. Si in coeunda societate, inquit, artem, operamve pollicitus est alter, veluti cum pecus in commune pascendum, aut agrum politori damus in commune quaerendis fructibus, nimirum ibi etiam culpa praestanda est: pretium enim operae artis est velamentum. Quodsi rei communi socius nocuit, magis admittit culpam quoque venire.

259 a) *§.* 9. *J. de societ.* (*III.* 26.) Socius socio utrum eo nomine tantum teneatur pro socio actione, si quid dolo commiserit, sicut is, qui deponi apud se passus est: an etiam culpae, id est, desidiae, atque negligentiae nomine, quaesitum est. Praevaluit tamen, etiam culpae nomini teneri eum. Culpa autem non ad exactissimam diligentiam dirigenda est. Sufficit enim talem diligentiam in communibus rebus adhibere socium, qualem suis rebus adhibere solet. Nam qui parum diligentem socium sibi adsumit, de se queri, hoc est, sibi imputare debet.

260) *L.* 72. *eod.* (*Gajus.*) Socius socio etiam culpae nomine tenetur, id est, desidiae, atque negligentiae. Culpa autem non ad exactissimam diligentiam dirigenda est: sufficit etenim talem diligentiam communibus rebus adhibere, qualem suis rebus adhibere solet, quia qui parum diligentem sibi socium adquirit, de se queri debet.

261) *L.* 68. *pr. eod.* (*Gajus.*) Nemo ex sociis plus parte sua potest alienare, etsi totorum honorum socii sint.

262) *L.* 82. *eod.* (*Papin.*) Jure societatis per socium aere alieno socius non obligatur: nisi in communem arcam pecuniae versae sunt.

263) *L.* 17. *ß.* 1. *eod.* (*Paul.*) Si absenti renuntiata societas sit, quoad is scierit, quod is adquisivit, qui renuntiavit, in commune redigi detrimentum autem solius ejus esse, qui renuntiaverit: sed quod absens adquisiit ad solum eum pertinere: detrimentum ab eo factum commune esse.

264) *L.* 3. *C. comm. utr. jud.* (*III.* 38.) (*Imp. Dioclet. et Maxim. AA. CC. Aurel. et Sept.*) Mojoribus etiam, per fraudem vel dolum vel perperam sine judicio factis divisionibus, solet subveniri: quia in bonae fidei judiciis, quod inaequaliter factum esse constiterit, in melius reformabitur. P. P. XVI. Kal. Jul. ipsis AA. et Constantino III. Conss. 293.

265) *L.* 1. *D. fin. reg.* (*X.* 1.) (*Paul.*) Finium regundorum actio in personam est, licet pro vindicatione rei est.

266) *L.* 25. *ß.* 16. *D. fam. herc.* (*X.* 2.) (*Paul.*) Non tantum dolum, sed et culpam in re hereditaria praestare debet coheres: quoniam cum coherede non contrahimus, sed incidimus in eum: non tamen diligentiam praestare debet, qualem diligens paterfamilias: quoniam hic propter suam partem causam habuit gerendi: et ideo negotiorum gestorum ei actio non competit. Talem igitur diligentiam praestare debet, qualem in suis rebus. Eadem sunt, si duobus res legata sit: nam et hos conjunxit ad societatem, non consensus, sed res. — §. 18. Item culpae nomine tenetur, qui, cum ante alios ipse adisset hereditatem, servitutes praediis hereditariis debitas passus est non utendo amitti.

267) *L.* 10. *pr. D. comm. div.* (*X.* 3.) (*Paul.*) Item quamvis legis Aquiliae actio in heredem non competat, tamen hoc judicio heres socii praestet, si quid defunctus in re communi admisit: quo nomine legis Aquiliae actio nascitur.

268) *L.* 1. *D. de transact.* (*II.* 15.) (*Ulp.*) Qui transigit, quasi de re dubia, et lite incerta neque finita transigit: qui vero paciscitur, donationis causa rem certam et indubitatam liberalitate remittit.

269) *L.* 65. *pr. D. de cond. indeb.* (*XII.* 6.) (*Paul.*) In summa, ut generaliter de repetitione tractemus, sciendum est dari, aut ob transactionem, aut ob causam, aut propter condicionem, aut ob rem, aut indebitum: in quibus omnibus quaeritur de repetitione. §. 1. Et quidem quod transactionis nomine datur, licet res nulla media fuerit, non repetitur: nam si lis fuit, hoc ipsum, quod a lite disceditur, causa videtur esse. Sin autem evidens calumnia detegitur, et transactio imperfecta est, repetitio dabitur.

270) *L.* 38. *C. de transact.* (*II.* 4.) (*Diocl. et Maxim.*) Transactio nullo dato, vel retento, seu promisso minime procedit.

271) *L.* 6. *D. eod.* (*II.* 15.) (*Gajus lib.* 17. *ad ed. prov.*) De his controversiis, quae ex testamento proficiscuntur, neque transigi, neque exquiri veritas aliter potest, quam inspectis cognitisque verbis testamenti.

272) *L.* 1. *D. testam. quemadmod. aper.* (*XXIX* 3.) (*Gaj. lib.* 17. *ad ed. prov.*) Omnibus, quicunque desiderant tabulas testamenti inspicere, vel etiam describere, despiciendi describendique potestatem facturum se Praetor pollicetur. Quod vel suo vel alieno nomine desideranti tribuere eum, manifestum est. §. 1. Ratio autem hujus Edicti manifesta est. Neque enim sine judice transigi, neque apud judicem exquiri veritas de his controversiis, quae ex testamento proficiscerentur, aliter potest, quam inspectis cognitisque verbis testamenti. §. 2. Si quis neget sigillum suum agnoscere, non ideo quidem minus aperiuntur tabulae, sed alias suspectae fiunt.

273) *L.* 14. *D. de transact.* (*II.* 15.) (*Scaev.*) Controversia inter legitimum et scriptum heredem orta est, eaque transactione facta, certa lege finita est: quaero, creditores quem convenire possunt? Respondit, si iidem creditores essent, qui transactionem fecissent: si alii creditores essent, propter *incertum succesisonis*, pro parte hereditatis, quam uterque in transactione expresserit, utilibus conveniendus est.

274) *L.* 3. *ʃʃ.* 1. *eod.* (*Scaev.*) Cum transactio propter fideicommissum facta esset, et postea codicilli reperti sunt: quaero an quanto minus ex transactione consecuta mater defuncti fuerit, quàm pro parte sua est, id ex fideicommissi causa consequi debeat? Respondit, debere.

275) *L.* 4. *ʃʃ.* 3. *D. de doli exc.* (*XLIV.* 4.) (*Ulp.*) Item quaeritur, si cum eo, a quo tibi sexaginta deberentur, compromiseris, deinde per imprudentiam poenam centum stipulatus fueris? Labeo putat convenire officio arbitri, jubere tantum tibi dari, quantum re vera debeatur: et si non fiat, non vetare ne quid amplius petatur: sed etiamsi id omissum fuerit, peti posse quod debetur, Labeo dicit: et si forte poena petatur, doli mali exceptionem profuturam.

276) *L.* 32. *ʃʃ.* 3. *D. de recept.* (*IV.* 8.) (*Paul.*) Summa rei est, ut Praetor se non interponat, sive initio nullum sic compromissum, sive sit: sed pendeat, an ex eo poena exigi potest, sive postea deficiat poena compromisso soluto die, morte, acceptilatione, judicio, pacto.

277) *L.* 9. *ʃʃ.* 2. *D. de donat.* (*XXXIX.* 5.) (*Pomp.*) Quod filiusfamilias patris jussu aut voluntate donavit, perinde est, ac si

pater ipse donaverit: aut si mea voluntate rem meam tu nomine tuo Titio dones.

278) *L.* 8. *C. de revocand. donat.* (*VIII.* 56.) (*Constantin. et Constant.*) Si unquam libertis patronus filios non habens bona omnia vel partem aliquam facultatum fuerit donatione largitus, et postea susceperit liberos: totum quicquid largitus fuerat, revertatur in ejusdem donatoris arbitrio ac ditione mansurum.

279) *L.* 18. *pr. D. de donat.* (*XXXIX.* 5.) (*Ulp.*) Aristo ait cum mixtum sit negotium cum donatione, obligationem non contrahi eo casu, quo donatio est: et ita et Pomponius eum existimare refert. §. 1. Denique refert, Aristonem putare, si servum tibi tradidero ad hoc, ut eum post quinquennium manumittas, non posse ante quinquennium agi: quia donatio aliqua inesse videtur. Aliter atque, inquit, si ob hoc tibi tradidissem, ut continuo manumittas: hic enim nec donationi locum esse: et ideo, esse obligationem. Sed et superiore casu, quid acti sit, inspiciendum Pomponius ait: potest enim quinquennium non ad hoc esse positum, ut aliquid donetur.

280) *L.* 6. *D. de damno infect.* (*XXXIX.* 2.) (*Gajus.*) Evenit, ut nonnunquam damno dato nulla nobis competat actio, non interposita antea cautione: veluti si vicini aedes ruinosae in meas aedes ciderint: adeo ut plerisque placuerit, nec cogi quidem eum posse, ut rudera tollat, si modo omnia, quae jaceant, pro derelicto habeat.

281) *L.* 26. *eod.* (*Ulp.*) Proculus ait, eum quis jure quid in suo faceret, quamvis promisisset damni infecti vicino, non tamen eum teneri ea stipulatione; veluti si juxta mea aedificia habeas aedificia, eaque jure tuo altius tollas: aut si in vicino tuo agro cuniculo vel fossa aquam meam avoces: quamvis enim et hic aquam mihi abducas, et illic luminibus officias, tamen ex ea stipulatione actionem mihi non competere: scilicet quia non debeat videri is damnum facere, qui eo veluti lucro, quo adhuc utebatur, prohibetur: multumque interesse, utrum damnum quis faciat, an lucro, quod adhuc faciebat, uti prohibeatur: mihi videtur vera esse Proculi sententia.

282) *L.* 21. *eod.* (*Paul.*) Si filiusfamilias inquilinus sit, videamus, an damni infecti nomine in possessionem aedium vicinarum mittendus sit? Quaeritur enim an filiusfamilias non videtur damnum pati, si res peculiares sint, et pater possit stipulari, si quid ei damni fiat? Et placet, utrumque eorum in possessionem mitti, nisi sic filius conduxerat, ut ejus periculo aedes essent: tunc enim, quia solus tenetur ex locato, recte dicetur, ipsum mittendum in possessionem, nisi ei caveatur.

283) *L.* 33. *D. de damno infect.* (*XXXIX.* 2.) (*Ulp.*) Inquilino non datur damni infecti actio: quia possit ex conducto agere, si dominus eum migrare prohiberet.

284) *L.* 34. *eod.* (*Paul.*) Utique si pro praeterita pensione satisfacere paratus fuit, alioquin justa retentio pignoris domino fieri videretur. Sed etsi quasi pignora retinuerit, et ea interierint ruina vicinarum aedium: potest dici etiam pigneraticia actione locatorem teneri, si poterat eas res in locum tutiorem transferre.

285) *L.* 27. *eod.* (*Paul.*) Plures earumdem aedium domini, singuli stipulari debent sine adjectione partis: quia de suo quisque damno stipulatur: quin immo pars adjecta partis partem faciet. Contra si plures domini sint vitiosarum aedium, pro sua quisque parte promittere debet: ne singuli in solidum obligentur.

286) *L.* 7. *ß.* 2. *eod.* (*Ulp.*) Unde quaeritur, si antequam caveretur, aedes deciderunt, neque dominus rudera velit egerere, eaque derelinquat: an sit aliqua adversus eum actio? Et Julianus consultus, si priusquam damni infecti stipulatio interponeretur, aedes vitiosae corruissent, quid facere deberet is, in cuius aedes rudera decidissent, ut damnum sarciretur: respondit, si dominus aedium, quae ruerunt, vellet tollere, non aliter permittendum, quam ut omnia, id est, et quae inutilia essent, auferret: nec solum de futuro, sed et de praeterito damno cavere eum debere: quod si dominus aedium, quae deciderunt, nihil facit, interdictum reddendum ei, in cujus aedes rudera decidissent, per quod vicinus compelletur, aut tollere, aut totas aedes pro derelicto habere.

287) *L.* 8. *eod.* (*Gajus.*) Quod forte tunc recte dicetur, cum non ipsius negligentia, sed propter aliquod impedimentum sibi non prospexit.

288) *L.* 9. *ß.* 3. *eod.* (*Ulp.*) Neratius autem scribit, si ratis in agrum meum vi fluminis delata sit, non aliter tibi potestatem tollendi faciendam, quam si de praeterito quoque damno mihi cavisses.

289) *L.* 7. *ß.* 2. *D. de cond. furt.* (*XIII.* 1.) (*Ulp.*) Condictio rei furtivae, quia rei habet persecutionem, heredem quoque furis obligat: nec tantum, si vivat servus furtivus, sed etiam si decesserit: sed et si apud furis heredem diem suum obiit servus furtivus, vel non apud ipsum, post mortem tamen furis, dicendum est condictionem adversus heredem durare. Quae in herede diximus, eadem erunt et in ceteris successoribus.

290) *L.* 20. *eod.* (*Tryphonin.*) Licet fur paratus fuerit excipere condictionem, et per me steterit, dum in rebus humanis res fuerat, condicere eam, postea autem perempta est, tamen durare condictionem veteres voluerunt: quia videtur qui primo invito

domino rem contrectaverit, semper in restituenda ea, quam nec debuit auferre, moram facere.

291) *L.* 8. *pr. D. de cond. furt.* (*XIII.* 1.) (*Ulp.*) In re furtiva condictio ipsorum corporum competit: sed utrum tamdiu, quamdiu exstent: an vero et si desierint esse in rebus humanis? Et, siquidem obtulit fur, sine dubio nulla erit condictio: si non obtulit, durat condictio aestimationis ejus: corpus enim ipsum praestari non potest.

292) *L.* 17. *eod.* (*Papin.*) Parvi refert ad tollendam condictionem, offeratur servus furtivus, an in aliud nomen, aliumque statum obligationis transferatur. Nec me movet, praesens homo fuerit, necne, cum mora, quae eveniebat ex furto, veluti quadam delegatione finiatur.

293) *L.* 9. *ſ.* 3. *D. quod metus* (*IV.* 2.) (*Ulp.*) Sed quod Praetor ait, ratum se non habiturum: quatenus accipiendum est videamus. Et quidem, aut imperfecta res est, licet metus intervenerit, ut puta stipulationem numeratio non est secuta: aut perfecta, si post stipulationem et numeratio facta est, aut per metum accepto debitor liberatus est, vel quid simile contigerit, quod negotium perficeret. Et Pomponius scribit, in negotiis quidem perfectis et exceptionem interdum, et actionem competere: in imperfectis autem, solam exceptionem. Sed ex facto scio, cum Campani, metu cuidam illato, extorsissent cautionem pollicitationis, rescriptum esse ab Imperatore nostro, posse eum a Praetore in integrum restitutionem postulare: et Praetorem, me adsistente interlocutum esse: ut sive actione vellet adversus Campanos experiri, esse propositam: sive exceptione adversus petentes, non deesse exceptionem. Ex qua constitutione colligitur: ut, sive perfecta, sive imperfecta res sit, et actio, et exceptio detur.

294) *L.* 9. *ſ.* 8. *eod.* Cum autem haec actio in rem sit scripta, nec personam vim facientis coërceat, sed adversus omnes restitui velit, quod metus causa factum est: non inmerito Julianus a Marcello notatus est scribens, si fidejussor vim intulit, ut accepto liberetur: in reum non esse restituendam actionem: sed fidejussorem, nisi adversus reum quoque actionem restituat, debere in quadruplum condemnari. Sed est verius, quod Marcellus notat, etiam adversus reum competere hanc actionem, cum in rem sit scripta.

295) *L.* 4. *ſ.* 33. *D. de doli exc.* (*XLIV.* 4.) (*Ulp.*) Metus causa exceptionem Cassius non proposuerat, contentus doli exceptione, quae est generalis. Sed utilius visum est, etiam de metu opponere exceptionem: etenim distat aliquid doli exceptione: quod exceptio doli personam complectitur eiusqui dolo fe-

cit: enimvero metus causa exceptio in rem scripta est, si in ea re nihil metus causa factum est in hac re a quocumque, non tantum ab eo qui agit. Et quamvis de dolo auctoris exceptio non objiciatur, verumtamen hoc jure utimur, ut de metu non tantum ab auctore, verum a quocumque adhibito exceptio objici possit.

296) *L.* 21. *ff.* 1. *D. quod metus* (*IV.* 2.) (*Paul.*) Quod metus causa gestum erit, nullo tempore Praetor ratum habebit. — §. 4. Si metu coactus sim ab emptione, locatione discedere: videndum est, an nihil sit acti, et antiqua obligatio remaneat: an hoc simile sit acceptilationi, quia nulla ex bona fidei obligatione, possimus niti, cum finita sit dum amittitur: et magis est, ut similis species acceptilationi sit: et ideo Praetoria actio nascitur. — §. 6. Si coactus hereditatem repudiem, duplici via Praetor mihi succurrit: aut utiles actiones quasi heredi dando, aut actionem metus causa praestando: ut quam viam ego elegerim, haec mihi pateat.

296 a) *c.* 3. *C.* 3. *q.* 1. Redintegranda sunt omnia exspoliatis, vel eiectis episcopis praesentialiter ordinatione pontificum, et in eo loco, unde abscesserant, funditus revocanda quacunque conditione temporis, aut captivitate, aut dolo, aut violentia majorum, aut per quascunque injustas causas, res ecclesiae, vel proprias, aut substantias suas perdidisse noscuntur ante accusationem, aut regularem ad synodum vocationem eorum, et reliqua.

296 b) *L.* 26. *ff.* 12. *D. de cond. indeb.* (*XII.* 6.) (*Ulp.*) Libertus, cum se putaret operas patrono debere, solvit: condicere eum non posse, quamvis putans se obligatum solvit, Julianus libro decimo Digestorum scripsit: natura enim operas patrono libertus debet. Sed et si non operae patrono sunt solutae, sed, cum officium ab eo desideraretur, cum patrono decidit pecunia, et solvit, repetere non potest. Sed si operas patrono exhibuit, non officiales, sed fabriles, veluti pictorias, vel alias, dum putat se debere videndum, an possit condicere? Et Celsus libro sexto Digestorum putat, eam esse causam operarum, ut non sint eaedem, neque ejusdem hominis, neque eidem exhibentur, nam plerumque robur hominis, aetas temporis, opportunitasque naturalis mutat causam operarum; et ideo nec volens quis reddere potest. Sed hae, inquit, operae recipiunt aestimationem: et interdum licet aliud praestemus, inquit, aliud condicimus: ut puta fundum indebitum dedi, et fructus condico: vel hominem indebitum, et hunc sine fraude modico distraxisti: nempe hoc solum refundere debes, quod ex pretio habes: vel meis sumptibus pretiosiorem hominem feci: nonne aestimari haec debent? Sic et in proposito, ait, posse condici, quanti operas essem conducturus.

Sed si delegatus sit a patrono officiales operas, apud Marcellum libro vicesimo Digestorum quaeritur? et dicit Marcellus, non teneri eum, nisi forte in artificio sint: hae enim, jubente patrono, et alii edendae sunt. Sed si solverit officiales delegatus, non potest condicere, neque ei, cui solvit, creditori, cui alterius contemplatione solutum est, quique suum recipit, neque patrono: quia natura ei debentur.

296 c) *L.* 65. *ff.* 7. *eod.* (*Paulus.*) Sic habitatione data, pecuniam condicam: non quidem quanti locare potui, sed quanti tu conducturus fuisses.

296 d) *L.* 25. *D. de praescr. verb.* (*XIX.* 5.) (*Marcianus.*) Si operas fabriles quis servi vice mutua dedisset, ut totidem reciperet, posse eum praescriptis verbis agere: sicuti si penulas dedisset, ut tunicas acciperet. Nec esse hoc contrarium, quod si per errorem operae indebitae datae sunt, ipsae repeti non possunt: nam aliud dando, ut aliud reddatur, obligari jure gentium possumus. Quod autem indebitum datur, aut ipsum repeti debet, aut tantundem ex eodem genere: quorum neutro modo operae repeti possunt.

297) *L.* 38. *pr. D. de cond. ind.* (*XII.* 6.) (*Afric.*) Frater a fratre, cum in ejusdem potestate essent, pecuniam mutuatus, post mortem patris ei solvit: quaesitum est, an repetere possit? Respondit, utique quidem pro ea parte, qua ipse patri heres exstitisset, repetiturum, pro ea vero, qua frater heres exstiterit, ita repetiturum, si non minus ex peculio suo ad fratrem pervenisset: naturalem enim obligationem, quae fuisset, hoc ipso sublatam videri, quod peculii partem frater sit consecutus: adeo ut, si praelegatum filio, eidemque debitori id fuisset, deductio hujus debiti a fratre ex eo fieret: idque maxime consequens esse ei sententiae, quam Julianus probaret: si extraneo quid debuisset, et ab eo post mortem patris exactum esset, tantum judicio eum familiae erciscundae recuperaturum a coheredibus fuisse, quantum ab his creditor actione de peculio consequi potuisset. Igitur, et si re integra familiae erciscundae agatur, ita peculium dividi aequum esse, ut ad quantitatem ejus indemnis a coherede praestetur: porro eum quem adversus extraneum defendi oportet, longe magis in eo, quod fratri debuisset, indemnem esse praestandum.

298) *L.* 26. *ff.* 3. *eod.* (*Ulp.*) Indebitum autem solutum accipimus, non solum si omnino non debeatur, sed et si per aliquam exceptionem perpetuam peti non poterat: quare hoc quoque repeti poterit: nisi sciens se tutum exceptione, solvit.

299) *L.* 64. *eod.* (*Tryphon.*) Si quod dominus servo debuit, manumisso solvit, quamvis existimans ei aliqua teneri actione

tamen repetere non poterit: quia naturale adgnovit debitum: ut enim libertas naturali jure continetur, et dominatio ex gentium jure introducta est, ita debiti vel non debiti ratio in condictione naturaliter intelligenda est.

300) *L.* 40. *pr. eod.* (*Marcian.*) Qui exceptionem perpetuam habet, solutum per errorem repetere potest. Sed hoc non est perpetuum: nam si quidem ejus causa exceptio datur, cum quo agitur, solutum repetere potest: ut accidit in Senatusconsulto de intercessionibus: ubi vero in odium ejus, cui debetur, exceptio datur, perperam solutum non repetitur: veluti si filiusfamilias contra Macedonianum mutuam pecuniam acceperit, et paterfamilias factus solverit, non repetit.

301) *L.* 65. *ʃʃ.* 9. *eod.* (*Paul.*) Indebitum est non tantum, quod omnino non debetur, sed et quod alii debetur, si alii solvatur: aut si id, quo alius debebat, alius, quasi ipse debeat, solvat.

302) *L.* 53. *D. de R. J.* (*L.* 17.) (*Paul.*) Cujus per errorem dati repetitio est, ejus consulto dati donatio est.

303) *L.* 44. *D. de cond. indeb.* (*XII.* 6.) (*Paul.*) Repetitio nulla est ab eo, qui suum recepit: tametsi ab alio, quam vero debitore, solutum est.

304) *L.* 29. *eod.* (*Ulp.*) Interdum persona locum facit repetitioni: ut puta si pupillus sine tutoris auctoritate, vel furiosus, vel is, cui bonis interdictum est, solverit: nam in his personis generaliter repetitioni locum esse non ambigitur. Et, si quidem exstant nummi, vindicabuntur: consumptis vero, condictio locum habebit.

305) *L.* 65. *ʃʃ.* 8. *eod.* (*Paul.*) Si servum indebitum tibi dedi, eumque manumisisti, si sciens hoc fecisti, teneberis ad pretium ejus: si nesciens, non teneberis: sed propter operas ejus liberti, et ut hereditatem ejus restituas.

306) *L.* 15. *ʃʃ.* 1. *eod.* (*Paul.*) Sed et si nummi alieni dati sint, condictio competet, ut vel possessio eorum reddatur: quemadmodum si falso existimans possessionem me tibi debere alicujus rei, tradidissem, condicerem. Sed et si possessionem tuam fecissem, ita ut tibi per longi temporis praescriptionem avocari non possit, etiam sic recte tecum per indebitam condictionem agerem.

307) *L.* 6. *pr. eod.* (*Paul.*) Si procurator tuus indebitum solverit, et tu ratum non habeas, posse repeti, Labeo libris posteriorum scripsit: quod si debitum fuisset, non posse repeti. Celsus: ideo, quoniam cum quis procuratorem rerum suarum constituit, id quoque mandare videtur, ut solvat creditori: neque postea exspectandum sit, ut ratum habeat. §. 1. Idem Labeo ait, si procuratori indebitum solutum sit, et dominus ratum non ha-

beat, posse repeti. §. 2. Celsus ait, eum, qui procuratori debitum solvit, continuo liberari: neque ratihabitionem considerari: quodsi indebitum acceperit, ideo exigi ratihabitionem, quoniam nihil de hoc nomine exigendo mandasse videretur: et ideo, si ratum non habeatur, a procuratore repetendum. §. 3 Julianus ait: neque tutorem, neque procuratorem solventes, repetere posse: neque interesse, suam pecuniam, an pupilli vel domini solvant.

307 a) *L.* 4. *C. de dotis promiss.* (*V.* 11.) (*Diocl. et Max.*) Si voluntate dotantis in dotali instrumento plura tibi tradita scripsisti quam suscepisti: intelligis de his, quae desunt, petendis, pactum esse consecutum.

308) *L.* 6. *ʃ.* 4. *D. mand.* (*XVII.* 1.) (*Ulp.*) Si tibi mandavero, quod mea non intererat, veluti, ut pro Sejo intervenias, vel ut Titio credas, erit mihi tecum mandati actio, ut Celsus libro septimo Digestorum scribit, et ego tibi sum obligatus.

309) *L.* 8. *ʃ.* 6. *eod.* Mandati actio tunc competit, cum coepit interesse ejus, qui mandavit: ceterum, si nihil interest, cessat mandati actio: et eatenus competit, quatenus interest: utputa mandavi tibi, ut fundum emeres: si intererat mea emi, teneberis: ceterum, si eundem hunc fundum ego ipse emi, vel alius mihi, neque interest aliquid, cessat mandati actio. Mandavi, ut negotia gereres: si nihil deperierit, quamvis nemo gesserit, nulla actio est: aut si alius idonee gesserit, cessat mandati actio. Et in similibus hoc idem erit probandum.

310) *L.* 28. *D. de neg. gestis.* (*III.* 5.) (*Paul.*) Si quis mandatu Titii negotia Seji gessit, Titio mandati tenetur: lisque aestimari debet, quanto Seji et Titii interest. Titii autem interest, quantum is Sejo praestare debet, cui vel mandati vel negotiorum gestorum nomine obligatus est. Titio autem actio competit cum eo, cui mandavit aliena negotia gerenda, et antequam ipse quicquam domino praestet: quia id ei abesse videtur, in quo obligatus est.

311) *L.* 20. *ʃ.* 1. *D. mand.* (*XVII.* 1.) (*Paul.*) Fidejussori negotiorum gestorum est actio, si pro absente fidejusserit: nam mandati actio non potest competere, cum non antecesserit mandatum.

312) *L.* 6. *ʃ.* 2. *eod.* (*Ulp.*) Si passus sim, aliquem pro me fidejubere, vel alias intervenire, mandati teneor: et nisi pro invito quis intercesserit, aut donandi animo, aut negotium gerens, erit mandati actio.

313) *L.* 18. *eodem.* (*Ulp.*) Qui patitur ab alio mandari, ut sibi credatur, mandare intelligitur.

314) *L. 41. eod.* (*Gajus.*) Potest et ab una dumtaxat parte mandati judicium dari: nam si is, qui mandatum suscepit, egressus fuerit mandatum, ipsi quidem mandati judicium non competit: at ei, qui mandaverit, adversus eum competit.

315) *L. 13. C. eod.* (*IV. 35.*) (*Diocl. et Maxim.*) A Procuratore dolum et omnem culpam, non etiam improvisum casum praestandum esse, juris auctoritate manifeste declaratur.

315 a) *L. 21. C. eod.* (*Constantin.*) In re mandata non pecuniae solum, cujus est certissimum mandati judicium, verum etiam existimationis periculum est. Nam suae quidem quisque rei moderator atque arbiter, non omnia negotia, sed pleraque ex proprio animo facit: aliena vero negotia, exacto officio geruntur: nec quicquam in eorum administratione neglectum ac declinatum culpa vacuum est.

316) *L. 10. §. 5. D. eod.* (*XVII. 1.*) (*Ulp.*) Idem Papinianus libro eodem refert, fidejussori condemnato, qui ideo fidejussit, quia dominus procuratori mandaverat, ut pecuniam mutuam acciperet, utilem actionem dandam, quasi institoriam: quia et hic quasi praeposuisse eum mutuae pecuniae accipiendae videatur.

317) *L. 31. pr. D. de neg. gest.* (*III. 5.*) (*Pap.*) Liberto vel amico mandavit pecuniam accipere mutuam, cujus litteras creditor secutus contraxit, et fidejussor intervenit: etiam si pecunia non sit in rem eius versa, tamen dabitur in eum negotiorum gestorum actio creditori, vel fidejussori, scilicet ad exemplum institoriae actionis.

318) *L. 1. §. 11. D. depos.* (*XVI. 3.*) (*Ulp.*) Si te rogavero, ut rem meam perferas ad Titium, ut is eam servet, qua actione tecum experiri possum, apud Pomponium quaeritur? Et putat, tecum mandati, cum eo vero, qui eas res receperit, depositi. Si vero tuo nomine receperit, tu quidem mihi mandati teneris, ille tibi depositi: quam actionem mihi praestabis, mandati judicio conventus. §. 12. Quod si rem tibi dedi, ut, si Titius rem non recepisset, tu custodires, nec eam recepit, videndum est, utrum depositi tantum, an et mandati actio sit? Et Pomponius dubitat: puto tamen, mandati esse actionem: quia plenius fuit mandatum, habens et custodiae legem. §. 13. Idem Pomponius quaerit, si tibi mandavero, ut rem ab aliquo meo nomine receptam custodias, idque feceris, mandati an depositi tenearis? Et magis probat mandati esse actionem, quia hic est primus contractus.

319) *L. 57. D. mand.* (*XVII. 1.*) (*Papinian.*) Mandatum distrahendorum servorum defuncto, qui mandatum susceperat, intercidisse constitit: quoniam tamen heredes ejus errore lapsi, non

animo furandi, sed exsequendi quod defunctus suae curae fecerat, servos vendiderant, eos ab emtoribus usucaptos videri placuit: sed venaliciarium ex provincia reversum, Publiciana actione non utiliter acturum, cum exceptio justi dominii causa cognita detur, neque oporteat eum, qui certi hominis fidem elegit, ob errorem aut imperitiam heredum, adfici damno.

320) *L.* 4. *pr. D. de reb. cred.* (*XII.* 1.) (*Ulp.*) Si quis nec causam, nec propositum foenerandi habuerit, et tu empturus praedia, desideraveris mutuam pecuniam, nec volueris creditae nomine, antequam emisses, suscipere, atque ita creditor, quia necessitatem forte proficiscendi habebat, deposuerit apud te hanc eandem pecuniam, ut, si emisses, crediti nomine obligatus esses, hoc depositum periculo est ejus; qui suscepit. Nam et qui rem vendendam acceperit, ut pretio uteretur, periculo suo rem habebit.

321) *L.* 19. *D. ad exhib.* (*X.* 4.) (*Paulus.*) Ad exhibendum possunt agere omnes, quorum interest. Sed quidam consuluit, an possit efficere haec actio, ut rationes adversarii sibi exhiberentur, quas exhiberi magni eius interesset? Respondit, non oportere ius civile calumniari, neque verba captari: sed, qua mente quid diceretur, animadvertere convenire. Nam illa ratione etiam studiosum alicuius doctrinae posse dicere, sua interesse, illos aut illos libros sibi exhiberi: quia, si essent exhibiti, cum eos legisset, doctior et melior futurus esset.

322) *L.* 1. *ꝟ.* 16. 17. 18. *D. de op. novi nunt.* (*XXXIX.* 1.) (*Ulp.*) Nuntiatio fit, aut iuris nostri conservandi causa, aut damni depellendi, aut publici iuris tuendi gratia. — Nuntiamus autem, quia ius aliquod prohibendi habemus: vel ut damni infecti caveatur nobis ab eo, qui forte in publico vel in privato quid molitur: aut si quid contra leges, Edictave Principum, quae ad modum aedificiorum facta sunt, fiet, vel in sacro, vel in loco religioso, vel in publico, ripave fluminis, quibus ex causis et interdicta proponuntur. — Quod si quis in mari vel in litore aedificet, licet in suo non aedificet, iure tamen gentium suum facit. Si quis igitur velit ibi aedificantem prohibere, nullo iure prohibet: neque opus novum nuntiare, nisi ex una causa potest, si forte damni infecti velit sibi caveri.

323) *L.* 5. *ꝟ.* 10. *D. eod.* (*Ulp.*) Meminisse autem oportebit, quotiens quis in nostro aedificare, vel in nostrum inmittere, vel projicere vult: melius esse, eum per Praetorem, vel per manum, id est, lapilli ictum prohibere, quam operis novi nuntiatione: ceterum operis novi nuntiatione possessorem eum faciemus, cui nuntiaverimus. Aut si in suo quid faciat, quod nobis noceat: tunc operis novi denuntiatio erit necessaria. Et si forte

in nostro aliquid facere quis perseverat, aequissimum erit, Interdicto adversus eum quod vi aut clam, aut uti possidetis, uti.

323 a) *L.* 1. *pr.* *ff.* 1. 2. *D. de arb. caed.* (*XLIII.* 27.) (*Ulp.*) Ait Praetor, quae arbor ex aedibus tuis in aedes illius impendet, si per te stat quo minus eam adimas; tunc, quo minus illi eam arborem adimere sibique habere liceat, vim fieri veto. §. 1. Hoc interdictum prohibitorium est. §. 2. Si arbor aedibus alienis impendeat utrum totam arborem jubeat Praetor adimi, an vero id solum, quod superexcurrit, quaeritur? Et Rutilius ait, a stirpe excindendam, idque plerisque videtur verius: et nisi adimet dominus arborem, Labeo ait permitti ei, cui arbor officeret, ut, si vellet, succideret eam, lignaque tolleret.

323 b) *L.* 1. *ff.* 7. 8. 9. *eod.* Deinde ait Praetor: quae arbor ex agro tuo in agrum illius impendet, si per te stat, quo minus pedes quindecim a terra eam altius coerceas, tunc, quo minus illi ita coercere, lignaque sibi habere liceat, vim fieri veto. §. 8. Quod ait Praetor, et lex duodecim Tabularum efficere voluit, ut quindecim pedes altius rami arboris circumcidantur; et hoc idcirco effectum est, ne umbra arboris vicino praedio noceret. §. 9. Differentia duorum capitum interdicti haec est, si quidem arbor aedibus impendeat, succidi eam praecipitur: si vero agro impendeat, tantum usque ad quindecim pedes a terra coerceri.

323 c) *L.* 2. *eod.* (*Pompon.*) Si arbor ex vicini fundo vento inclinata in tuum fundum sit, ex lege duodecim Tabularum de adimenda ea recte agere potes, jus ei non esse ita arborem habere.

323 d) *L.* 1. *pr. D. de glande leg.* (*XLIII.* 28.) (*Ulp.*) Ait Praetor, glandem, quae ex illius agro in tuum cadat, quominus illi tertio quoque die legere, auferre liceat: vim fieri veto.

324) *L.* 1. *ff.* 2. *D. de tigno juncto* (*XLVII.* 3.) (*Ulp.*) Sed et ad exhibendum danda est actio: nec enim parci oportet ei, qui sciens alienam rem aedificio inclusit, vinxitve; non enim sic eum convenimus, quasi possidentem, sed ita, quasi dolo malo fecerit, quo minus possideat.

325) *L.* 18. *pr. D. de injur.* (*XLVII.* 10.) (*Paulus.*) Eum qui nocentem infamavit, non esse bonum aequum, ob eam rem condemnari: peccata enim nocentium nota esse, et oportere et expedire.

326) *L.* 5. *C. de injur.* (*IX.* 35.) (*Dioclet. et Maxim.*) Si non convicii consilio te aliquid iniuriosum dixisse probare potes: fides veri a calumnia te defendit. Si autem in rixam inconsulto calore prolapsus, homicidii convicium objecisti, et ex eo die annus excessit: cum iniuriarum actio annuo tempore praescripta sit, ob iniuriae admissum conveniri non potes.

327) *ſ*. 4. *J. quib. modis re* (*III*. 15.) Creditor quoque, qui pignus accepit, re obligatur: quia et ipse de ea re, quam accepit, restituenda, tenetur actione pigneratitia. Sed quia pignus utriusque gratia datur, et debitoris, quo magis pecunia ei crederetur, et creditoris, quo magis ei in tuto sit creditum: placuit sufficere, quod ad eam rem custodiendam exactam diligentiam adhiberet: quam si praestiterit, et aliquo fortuito casu eam rem amiserit, securum esse, nec impediri creditum petere.

328) *L*. 13. *ſ*. 1. *D. de pign. act.* (*XIII*. 7.) (*Ulp*.) Venit autem in hac actione et dolus, et culpa, ut in commodato: venit et custodia; vis maior non venit.

329) *L*. 1. *ſ*. 7. 8. *D. de obl. et act.* (*XLIV*. 7.) (*Gajus*.) Verbis obligatio contrahitur ex interrogatione et responsu, cum quid dari, fierive nobis stipulemur. — Sed aut proprio nomine quisque obligatur, aut alieno: qui autem alieno nomine obligatur, fideiussor vocatur: et plerumque ab eo quem proprio nomine obligamus, alios accipimus, qui eadem obligatione teneantur, dum curamus, ut, quod in obligationem deduximus, tutius nobis debeatur.

330) *L*. 41. *pr. D. de evict.* (*XXI*. 2.) (*Paulus*.) Si ei, cui vendidi, et duplam promisi, cum ipse eadem stipulatione mihi cavisset, heres exstiterim; evicto homine, nulla parte stipulatio committitur: neque enim mihi evinci videtur, cum vendiderim eum, neque ei, cui me promissorem praestarem: quoniam parum commode dicar ipse mihi duplam praestare debere.

331) *L*. 37. *pr. ſ*. 1. *D. eod.* (*Ulp*.) Emptori duplam promitti a venditore oportet, nisi aliud convenit: non tamen ut satisdetur, nisi specialiter id actum proponatur, sed ut repromittatur. — Quod autem diximus, duplam promitti oportere, sic erit accipiendum, ut non ex omni re id accipiamus, sed de his rebus, quae pretiosiores essent: si margarita forte, aut ornamenta pretiosa, vel vestis serica, vel quid aliud non contemptibile veneat. Per edictum autem curulium etiam de seruo cavere venditor iubetur.

332) *L*. 2. *eod.* (*Paulus*.) Si dupla non promitteretur, et eo nomine agetur, dupli condemnandus est reus.

333) *L*. 31. *ſ*. 20. *D. de aedil. ed.* (*XXI*. 1.) (*Ulp*.) Quia adsidua est duplae stipulatio, idcirco placuit, etiam ex empto agi posse, si duplam venditor mancipii non caveat: ea enim, quae sunt moris et consuetudinis, in bonae fidei iudicis debent venire.

334) *L*. 48. *ſ*. 8. *eod.* (*Pomponius*.) Simplariarum venditionum causa ne sit redhibitio, in usu est.

335) *ſ*. 1. *J. de pat. pot.* (*I*. 9.) Nuptiae autem, sive matrimonium, est viri et mulieris conjunctio, individuam vitae consuetudinem continens.

336) *L.* 1. *D. de ritu nupt.* (*XXIII.* 2.) (*Modestinus.*) Nuptiae sunt conjunctio maris et feminae, et consortium omnis vitae: divini et humani iuris communicatio.

337) *L.* 49. *ʃſ.* 4. *D. de leg.* 3. (*XXXII.*) (*Ulpianus.*) Parvi autem refert, uxori, an concubinae quis leget, quae eius causa empta parata sunt: sane enim, nisi dignitate nihil interest

338) *L.* 17. *C. de nupt.* (*V.* 4.) (*Dioclet. et Maxim.*) Nemini liceat contrahere matrimonium cum filia, nepte, vel pronepte: itemque cum matre, avia, vel proavia: et ex latere amita ac matertera, sorore, sororis filia, et ex ea nepte: praeterea fratris tui filia, et ex ea nepte: itemque ex affinibus, privigna, noverca, nuru, socru, ceterisque quae iure antiquo prohibentur, a quibus cunctos volumus se abstinere.

339) *ʃſ.* 4. *J. de nupt.* (*I.* 10.) Duorum autem fratrum vel sororum liberi, vel fratris et sororis iungi possunt.

340) *L.* 21. *D. de ritu nupt.* (*XXIII.* 2.) (*Terentius Clemens.*) Non cogitur filiusfamilias uxorem ducere.

341) *L.* 22. *D. eodem.* (*Celsus.*) Si patre cogente ducit uxorem, quam non duceret si sui arbitrii esset, contraxit tamen matrimonium, quod inter invitos non contrahitur: maluisse hoc videtur.

342) *L.* 5. *D. eodem.* (*Pomponius.*) Mulierem absenti per litteras eius, vel per nuntium posse nubere placet, si in domum eius deduceretur; eam vero, quae abesset, ex litteris vel nuntio suo duci a marito non posse: deductione enim opus esse in mariti, non in uxoris domum, quasi in domicilium matrimonii.

343) *L.* 21. *D. de jur. dot.* (*XXXIII.* 3.) (*Ulp.*) Stipulationem, quae propter causam dotis fiat, constat habere in se conditionem hanc, si nuptiae fuerint secutae; et ita demum ex ea agi posse, quamvis non sit expressa conditio, si nuptiae, constat: quare, si nuntius remittatur, defecisse conditio stipulationis videtur.

344) *L.* 22. *eodem.* (*Paulus.*) Et licet postea eidem nupserit, non convalescit stipulatio.

345) *L.* 23. *eodem.* (*Paul.*) Quia autem in stipulatione non est necessaria dotis adiectio, etiam in datione tantundem dicimus.

346) *L.* 20. *eodem.* (*Paul.*) Julianus scribit, valere talem stipulationem, cum morieris, dotis nomine tot dari? quia et pacisci soleant, ne a viva exhibeatur: quod non esse simile accepi: aliud est enim differre exactionem, aliud, ab initio in id tempus stipulari, quo matrimonium futurum non sit: idque et Aristoni, et Neratio, et Pomponio placet.

347) *L.* 76. *eod.* (*Tryphoninus.*) Si Pater mulieris mortis suae causa dotem promiserit, valet promissio: nam et si in tem-

pus, quo ipse moreretur, promisisset, obligaretur: sed si convaluerit, cur ei non remittatur obligatio per condictionem, atque si stipulanti quivis alius promisisset, aut dotem alicuius nomine? nam ut corporis vel pecuniae translatae, ita obligationis constitutae mortis causa condictio est. Non idem dicendum est in persona mulieris, si mulier mortis suae causa dotem promiserit: quia nisi matrimonii oneribus serviat, dos nulla est.

348) *L.* 5. *ʃʃ.* 2. *eod.* (*Pomponius.*) Si in dote danda circumventus sit alteruter, etiam maiori annis vigintiquinque succurrendum est: quia bono et aequo non conveniat, aut lucrari aliquem cum damno alterius, aut damnum sentire per alterius lucrum.

349) *L.* 16. *D. de fundo dotali* (*XXIII.* 5.) (*Tryphoninus.*) Si fundum, quem Titius possidebat bona fide, longi temporis possessione poterat sibi quaerere, mulier ut suum marito dedit in dotem, eumque petere neglexerit vir, cum id facere posset, rem periculi sui fecit: nam licet lex Julia, quae vetat fundum dotalem alienari, pertineat etiam ad huiusmodi adquisitionem, non tamen interpellat eam possessionem, quae per longum tempus fit, si, antequam constitueretur dotalis fundus, iam coeperat. Plane, si paucissimi dies ad perficiendam longi temporis possessionem superfuerunt, nihil erit quod imputabitur marito.

350) *L.* 75. *D. de j. dot.* (*XXIII.* 3) (*Tryphonin.*) Quamvis in bonis mariti dos sit, mulieris tamen est: et merito placuit, ut si in dotem fundum inaestimatum dedit: cuius nomine duplae stipulatione cautum habuit, isque marito evictus sit, statim eam ex stipulatione agere posse: porro cuius interest non esse evictum, quod in dote fuit, quodque ipsa evictionem pati creditur ob id quod eum in dotem habere desiit, huius etiam constante matrimonio, quamvis apud maritum dominium sit, emolumenti potestatem esse creditur, cuius etiam matrimonii onera maritus sustinet.

351) *L.* 7. *pr.* *ʃʃ.* 1. *eod.* (*Ulp.*) Dotis fructum ad maritum pertinere debere, aequitas suggerit: cum enim ipse onera matrimonii subeat, aequum est, eum etiam fructus percipere. — Si fructus constante matrimonio percepti sint, dotis non erunt: si vero ante nuptias percepti fuerint, in dotem convertuntur, nisi forte aliquid inter maritum futurum, et destinatam uxorem convenit: tunc enim, quasi donatione facta, fructus non redduntur.

352) *L.* 7. *ʃʃ.* 1. *D sol. matr.* (*XXIV.* 3.) (*Ulp.*) Papinianus autem libro undecimo Quaestionum, divortio facto fructus dividi ait, non ex die locationis, sed habita ratione praecedentis temporis, quo mulier in matrimonio fuit: neque enim si vindemiae tempore fundus in dotem datus sit, eumque vir ex calendis Novembribus primis fruendum locaverit, mensis Januarii suprema

die facto divortio, retinere virum et vindemiae fructus, et eius anni quo divortium factum est, quartam partem mercedis aequum est; alioquin si coactis vindemiis, altera die divortium intercedat, fructus integros retinebit; itaque si fine mensis Januarii divortium fiat, et quatuor mensibus matrimonium steterit, vindemiae fructus, et quarta portio mercedis instantis anni confundi debebunt, ut ex ea pecunia tertia portio viro relinquatur,

353) *L.* 22. *ſ.* 1. *D. eodem.* (*Ulp.*) Si post solutum matrimonium filiafamilias citra patris voluntatem exactam communem dotem consumat: patri et viva ea et mortua, actio superest, ut dos ipsi solvatur. Quod ita verum est, si perditurae solvatur; ceterum, si non perditurae, et ex iustis causis soluta sit, non supererit actio; sed mortuo patre, nec etiam heredes agent, nec mulier.

354) *L.* 5. *D. de divort.* (*XXIV.* 2.) (*Ulp.*) Si filia emancipata idcirco diverterat, ut maritum lucro dotis afficiat, patrem fraudet, qui profectitiam dotem potuit petere, si constante matrimonio decessisset; ideo patri succurrendum est, ne dotem perdat; non enim minus patri quam marito succurrere Praetorem oportet: danda igitur est ei dotis exactio, atque si constante matrimonio decessisset filia.

355) *L.* 4. *C. sol. matr.* (*V.* 18.) (*Alexander.*) Dos a patre profecta, si in matrimonio decesserit mulier filia familias, ad patrem redire debet.

356) *L.* 6. *C. de iur. dot.* (*V.* 12.) (*Maximinus.*) Avia tua eorum, quae pro filia tua in dotem dedit, etsi verborum obligatio non intercessit, actionem ex fide conventionis ad te, si heres extitisti, transmittere potuit. Nec enim eadem causa est patris et matris paciscentium; quippe matris pactum actionem praescriptis verbis constituit; patris dotis actionem profectitiae nomine competentem conventione simplici minime creditur innovare.

357) *L.* 17. *pr. D. de iur. dot.* (*XXIII.* 3.) (*Paul.*) In rebus dotalibus virum praestare oportet tam dolum quam culpam; quia causa sua dotem accipit: sed etiam diligentiam praestabit, quam in suis rebus exhibet.

358) *L.* 24. *ſ.* 5. *D. sol. matr.* (*XXIV.* 3.) (*Ulp.*) Si maritus saevus in servos dotales fuit, videndum, an de hoc possit conveniri? et, si quidem tantum in servos uxoris saevus fuit, constat eum teneri hoc nomine: si vero et in suos est natura talis, adhuc dicendum est, immoderatam eius saevitiam hoc iudicio coërcendam: quamvis enim diligentiam uxor eam demum ab eo exigat, quam rebus suis exhibet, nec plus possit, attamen saevitia,

quae in propriis culpanda est, in alienis coërcenda est, hoc est, in dotalibus.

359) *L.* 28. *D. de pactis dot.* (*XXIII.* 4.) (*Paulus.*) Quaeris, si pacta sit mulier, vel ante nuptias, vel post nuptias, ut ex fundi fructibus, quem dedit in dotem, creditor mulieris dimittatur, an valeat pactum? Dico, si ante nuptias id convenerit, valere pactum, eoque modo minorem dotem constitutam: post nuptias vero, cum onera matrimonii fructus relevaturi sunt, iam de suo maritus paciscitur, ut dimittat creditorem, et erit mera donatio.

360) *L.* 31. *eodem.* (*Scaevola.*) Si inter virum et uxorem convenit, ut extremi anni matrimonii fructus nondum percepti mulieris lucro fiant, huiusmodi pactum valet.

361) *L.* 9. *§.* 2. *D. de don. int. vir.* (*XXIV.* 1) (*Ulp.*) Inter virum et uxorem mortis causa donationes receptae sunt.

362) *L.* 10. *eodem.* (*Gajus.*) Quia in hoc tempus excurrit donationis eventus, quo vir et uxor esse desinunt.

363) *L.* 44. *eodem* (*Neratius.*) Si extraneus rem viri, ignorans eius esse, ignoranti uxori, ac ne viro quidem sciente eam suam esse, donaverit; mulier recte eam usu capiat. Idemque iuris erit, si is qui in potestate viri erat, credens se patrem familias esse, uxori patris donaverit. Sed si vir rescierit suam rem esse priusquam usu capiatur, vindicareque eam poterit, nec volet, et hoc et mulier noverit, interrumpetur possessio: quia transiit in causam ab eo factae donationis ipsius mulieris scientia: propius est, ut nullum adquisitioni dominii eius adferat impedimentum: non enim omnimodo uxores ex bonis virorum, sed ex causa donationis ab ipsis factae adquirere prohibitae sunt,

364) *L.* 28. *§.* 2. *eodem.* (*Paulus.*) Si quas servi operas viri uxori praestiterint, vel contra: magis placuit, nullam habendam earum rationem. Et sane non amare, nec tamquam inter infestos ius prohibitae donationis tractandum est; sed ut inter coniunctos maximo affectu, et solam inopiam timentes.

365) *L.* 15. *pr. eodem.* (*Ulp.*). Ex annuo vel menstruo, quod uxori maritus praestat, tunc quod superest revocabitur, si satis immodicum est, id est, supra vires dotis.

366) *L.* 33. *§.* 1. *eodem.* (*Ulp.*) Si uxor marito annuum versa vice praestiterit, restituetur ei hoc, et poterit vindicare id quod exstat: credo, poterit et condicere, in quantum locupletior factus est: quia non tam sollemne est annuum, quod maritus uxori pendit, et quod uxor marito praestat: immo incongruens est, et contra sexus naturam.

367) *L.* 25. *eodem.* (*Terentius Clemens.*) Sed et si, constante matrimonio, res aliena uxori a marito donata fuerit, dicen-

dum est, confestim ad usucapionem eius uxorem admitti: quia et si non mortis causa donaverat ei, non impediretur usucapio: nam ius constitutum ad eas donationes pertinet, ex quibus et locupletior mulier, et pauperior maritus in suis rebus fit. Itaque licet mortis causa donatio interveniat, quasi inter extraneas personas fieri intelligenda est in ea re, quae, quia aliena est, usu capi potest.

368) *L.* 12. *ʃʃ.* 1. *D. de pactis dot.* (*XXIII.* 4.) (*Paulus.*) Ex pactis conventis, quae ante nuptias, vel post nuptias interponi solent, alia ad voluntatem pertinent, ut mulier dote promissa se alat, et donec nupta sit, dos ab ea non petatur, aut certam summam viro praestet, et ab eo alatur, et his similia: alia ad ius pertinent, veluti quando dos petatur, quemadmodum reddatur: in quibus non semper voluntas contrahentium servatur. Ceterum si convenerit, ne omnino dos petatur, indotata erit mulier.

369) *L.* 16. *eodem.* (*Paulus.*) Ut autem longiore die solvatur dos, convenire non potest: non magis, quam ne omnino reddatur.

370) *L.* 1. *pr. ʃʃ.* 1. *D. de dote praelegata.* (*XXXIII.* 4.) (*Ulp.*) Cum dos relegatur, verum est, id dotis legato inesse, quod actione de dote inerat. — Et ideo, si inter virum et uxorem convenerat, ut morte viri soluto matrimonio, filio communi interveniente, dos apud mariti heredem remaneret, et maritus decedens dotem relegaverit: stari pacto non debet ob hoc, quod dos relegata est: verum et citra relegationem hoc probari debet: nam quod est admissum, posse deteriorem conditionem dotis fieri intervenientibus liberis, totiens locum habet, quotiens ipsa in matrimonio decedit, vel divortium intervenit.

371) *L.* 20. *ʃʃ.* 1. *D. de pactis dot.* (*XXIII.* 4.) (*Paulus.*) Si extraneus de suo daturus sit dotem, quidquid vult, pacisci et ignorante muliere, sicut et stipulari, potest: legem enim suae rei dicit: postquam vero dederit, pacisci consentiente muliere debet.

372) *L.* 29. *pr. D. sol. matr.* (*XXIV.* 3.) (*Ulp.*) Quotiens pater dotem dat, et stipulatur, ita demum in suam personam de dote actionem transfert, si ex continenti stipuletur: ceterum, si interposito tempore stipulari velit, non nisi consentiente filia poterit, quamvis in potestate sit: quia deteriorem conditionem in dote filiae facere non potest, nisi consentiat: plane si ante nuptias dotem dederit, poterit ex intervallo, ante nuptias tamen, et citra voluntatem quoque filiae stipulari.

373) *L.* 33. *D. de rit. nupt,* (*XXIII.* 2.) (*Marcellus.*) Plerique opinantur, cum eadem mulier ad eundem virum revertatur, id matrimonium idem esse: quibus adsentior, si non multo tempore interposito reconciliati fuerint: nec inter moras aut illa alii

nupserit, aut hic aliam duxerit: maxime si nec dotem vir reddiderit.

374) *L. 5. pr. D. de pactis dotalibus.* (*XXIII.* 4.) (*Paulus.*) Illud convenire non potest, ne de moribus agatur, vel plus vel minus exigatur: ne publica coercitio privata pactione tollatur.

375) *L.* 18. *C. de donat. ante nupt.* (*V.* 3.) (*Zeno.*) Si liberis ex priore matrimonio procreatis pater ad secundas migraverit nuptias, vel non migraverit: nihil omnino filiis prioris conjugii ex donatione ante nuptias, quam ipse, vel alius pro ipso uxori quondam eius matri communium liberorum donaverit, servare cogitur: quoniam et mater liberis ex priore matrimonio exstantibus, post secundas nuptias, multoque amplius si non fuerit alteri marito sociata, nihil iisdem filiis ex dote, quam patri eorum ipsa, vel alius pro ea obtulerit, servare compellitur.

376) *L.* 1. *ƒ.* 2. *D. de rei vind.* (*VI.* 1.) (*Ulp.*) Per hanc autem actionem liberae personae, quae sunt iuris nostri, utputa liberi, qui sunt in potestate, non petuntur. Petuntur igitur, aut praeiudiciis, aut interdictis, aut cognitione Praetoria: et ita Pomponius libro trigesimo septimo, nisi forte, inquit, adjecta causa quis vindicet. Si quis ita petit filium suum in potestate, ex jure Romano, videtur mihi et Pomponius consentire, recte eum egisse: ait enim, adjecta causa ex lege Quiritium vindicare posse.

377) *L.* 5. *D. de adopt.* (*I.* 7.) (*Celsus.*) In adoptionibus, eorum dumtaxat, qui suae potestatis sunt, voluntas exploratur: sin autem a patre dantur in adoptionem, in his utriusque arbitrium spectandum est, vel consentiendo, vel non contradicendo.

378) *L.* 2. *D. ad Leg. Corn. de sicar.* (*XLVIII.* 8.) (*Ulp.*) Inauditum filium pater occidere non potest: sed accusare eum apud Praefectum, Praesidemve provinciae debet.

379) *L.* 10. *ƒ.* 2. *D. de fideiuss.* (*XLVI.* 1) (*Ulp.*) Filius familias pro patre poterit fideiubere, nec erit sine effectu haec fideiussio: primo quidem quod sui iuris effectus poterit teneri in id, quod facere potest: dein, quod et dum in potestate manet, condemnari potest. Sed an pater ex hac causa quod iussu teneatur, videamus? Et puto ad omnes contractus quod iussu etiam referri: sed si ignorante patre pro eo fideiusserit, cessat ista actio: tamen quasi in rem patris versum sit, potest agi cum patre. Plane si is emancipatus solverit, utilis ei actio debebit competere: in potestate etiam manenti eadem actio competit, si de peculio castrensi pro patre solverit.

380) *L.* 20. *ƒ.* 10. *D. de her. petit.* (*V.* 3.) (*Ulp.*) Non solum autem in hereditate utimur Senatusconsulto, sed et in peculio castrensi, vel alia universitate.

381) *L.* 56. *§.* 1. *D. de fidejuss.* (*XLVI.* 1.) (*Paulus.*) Item si filius a patre, vel servus a domino stipuletur, nec fideiussor acceptus tenetur: quia non potest pro eodem, et eidem esse obligatus. Ex diverso ergo patre a filio, vel domino a servo stipulato, fidejussor acceptus tenetur.

382) *L.* 9. *§.* 1. *D. de tutelae et rat. distr.* (*XXVII.* 3.) (*Ulp.*) Si duobus impuberibus fratribus tutor datus sit, et alter eorum in legitimam tutelam fratris sui perfectae aetatis constituti recidit, eum, qui datus esset, tutorem esse desiisse Neratius ait. Quia igitur desinit, erit tutelae actio etiam ex persona impuberis: quamvis si testamento datus fuisset, non desineret esse tutor eius, qui adhuc erat impubes: quia semper legitima tutela testamentariae cedit.

383) *L.* 12. *D. de test. tut.* (*XXVI.* 2.) (*Ulp.*) Certarum rerum, vel causarum testamento tutor dari non potest, nec deductis rebus.

384) *L.* 13. *eodem.* (*Pomponius.*) Et, si datus fuerit, tota datio nihil valebit.

385) *L.* 14. *eodem.* (*Marcianus.*) Quia personae, non rei vel causae datur.

386) *L.* 1. *pr. D. de tutelae etc.* (*XXVII.* 3.) (*Ulp.*) In omnibus quae fecit tutor, cum facere non deberet, item in his quae non fecit, rationem reddet hoc iudicio: praestando dolum, culpam, et quantum in rebus suis diligentiam.

386 a) *L.* 7. *C. arbitr. tut.* (*V.* 51.) (*Diocl. et Max.*) Quicquid tutoris dolo vel lata culpa, aut levi, seu curatoris, minores amiserint, vel, cum possent, non adquisierint: hoc in tutelae seu negotiorum gestorum utile judicium venire non est incerti juris.

387) *L.* 32. *§.* 6. *D. de administr.* (*XXVI.* 7.) (*Modestinus.*) Lucius Titius coheres et curator sororis suae, cum esset ex civitate, in qua usitatum erat ipsos dominos praediorum, non conductores, onera annonarum et contributionum temporalium sustinere, morem hunc et consuetudinem semper observatam secutus, et ipse pro communi et individua hereditate annonas praestitit. Quaero, an in rationibus dandis opponi curatori possit, quia non recte pro parte sororis tales impensas fecerat? Modestinus respondit, in id demum curatorem adultae reputare ex causa de qua quaeritur posse, quod ipsa, si rem suam administraret, erogare compelleretur.

388) *L.* 10. *eodem.* (*Ulp.*) Generaliter, quotiescunque non fit nomine pupilli quod quivis paterfamilias idoneus facit, non videtur defendi: sive igitur solutionem, sive iudicium, sive stipulationem detrectat, defendi non videtur.

389) *L.* 33. *pr. eodem.* (*Callistratus.*) A tutoribus et curatoribus pupillorum eadem diligentia exigenda est circa administrationem rerum pupillarium, quam paterfamilias rebus suis ex bona fide praebere debet.

390) *L.* 50. *eodem.* (*Hermogenianus.*) Si res pupillaris incursu latronum pereat, vel argentarius, cui tutor pecuniam dedit, cum fuisset celeberrimus, solidum reddere non possit: nihil eo nomine tutor praestare cogitur.

391) *L.* 1. ∫. 3. *D. de minor.* (*IV.* 4.) (*Ulp.*) Et ideo hodie in hanc usque aetatem adolescentes curatorum auxilio reguntur: nec ante rei suae administratio eis committi debebit, quamvis bene rem suam gerentibus.

392) *L.* 2. *eodem.* (*Ulp.*) Nec per liberos suos rem suam maturius a curatoribus recipiat. Quod enim legibus cavetur, ut singuli anni per singulos liberos demittantur, ad honores pertinere Divus Severus ait, non ad rem suam recipiendam.

393) *L.* 3. *pr. eodem.* (*Ulp.*) Denique Divus Severus, et Imperator noster huiusmodi Consulum, vel Praesidum decreta quasi ambitiosa esse interpretati sunt. Ipsi autem perraro minoribus rerum suarum administrationem extra ordinem indulserunt: et eodem iure utimur.

394) *Pr. et* ∫. 2. *J. de curatoribus.* (*I.* 23.) Masculi puberes et feminae viripotentes, usque ad vicesimum quintum annum completum curatores accipiunt: qui licet puberes sint, adhuc tamen eius aetatis sunt, ut sua negotia tueri non possint. Item inviti adolescentes, curatores non accipiunt, praeterquam in litem: curator enim et ad certam causam dari potest.

395) *L.* 3. *C. de in int. rest. min.* (*II.* 22.) (*Diocletianus et Maximianus.*) Si curatorem habens minor quinque et viginti annis, post pupillarem aetatem res vendidisti, hunc contractum servari non oportet: cum non absimilis ei habeatur minor curatorem habens, cui a Praetore curatore dato, bonis interdictum est. Si vero sine curatore constitutus contractum fecisti: implorare in integrum restitutionem, si necdum tempora praefinita excesserint, causa cognita non prohiberis.

396) *L.* 101. *D. de verb. obl.* (*XLV.* 1.) (*Modestinus.*) Puberes sine curatoribus suis possunt ex stipulatu obligari.

397) *L.* 141. ∫. 2. *eodem.* (*Gajus.*) Pupillus, licet, ex quo fari coeperit, recte stipulari potest, tamen si in parentis potestate est, ne auctore quidem patre obligatur: pubes vero qui in potestate est, proinde, ac si paterfamilias, obligari solet. Quod autem in pupillo dicimus, idem et in filiafamilias impubere dicendum est.

398) L. 43. *D. de obl. et act.* (*XLIV.* 7.) (*Paulus.*) Obligari potest paterfamilias, suae potestatis, pubes, compos mentis. Pupillus sine tutoris auctoritate non obligatur jure civili. Servus autem ex contractibus non obligatur.

399) *L.* 22. *pr. D. ad Leg. Falc.* (*XXXV.* 2.) (*Paulus.*) Nesennius Apollinaris Julio Paulo. Ex facto, domine, species ejusmodi incidit. Titia filias suas tres numero aequis ex partibus scripsit heredes, et a singulis legata invicem dedit, ab una tamen ita legavit tam coheredibus eius, quam extraneis, ut Falcidiae sit locus. Quaero, an adversus coheredes suas, a quibus legata et ipsa accepit, uti possit Falcidia: et si non possit, vel doli exceptione summovenda est, quemadmodum adversus extraneos computatio Falcidiae iniri possit? Respondi, id quidem, quod a coherede legatorum nomine percipitur, non solet legatariis proficere, quo minus Falcidiam patiantur: sed cum is, qui legatum praestaturus est, ab eodem aliquid ex testamento petit, non est audiendus, desiderans uti adversus eum Falcidiae beneficio, si id, quod percepturus est ex voluntate testatoris suppleat, quod deducere desiderat. Plane ceteris legatariis non universum, quod coheredi praestat, imputabit: sed quantum daturus esset, si nihil ab eo perciperet.

400) *L.* 1. *pr. D. de reg. Caton.* (*XXXIV.* 7.) (*Celsus.*) Catoniana regula sic definit: quod si testamenti facti tempore decessisset testator, inutile foret, id legatum, quandocumque decesserit, non valere. Quae definitio in quibusdam falsa est.

401) *L.* 41. *pr. D. de leg.* 2. (*XXXI.*) (*Jovalenus.*) Maevio fundi partem dimidiam, Seio partem dimidiam lego, eundem fundum Titio lego: si Seius decesserit, pars eius utrique adcrescit: quia cum separatim et partes fundi, et totus legatus sit, necesse est, ut ea pars quae cessat, pro portione legati cuique eorum, quibus fundus separatim legatus est, adcrescat.

402) *L.* 34. *ſ.* 12. *D. de leg.* 1. (*XXX.*) (*Ulp.*) Inde dicitur, si duo sint heredes, unus ex uncia, alter ex undecim unciis, et eis fundus legatus sit: unciarium heredem undecim partes in fundo habiturum: coheredem unciam.

403) *L.* 86. *D. ad L. Falcidiam.* (*XXXV.* 2.) (*Julian.*) Titia testamento suo Titium fratrem suum ex parte tertia heredem instituit, fideique eius commisit, ut hereditatem, retenta quarta parte, Secundae et Proculae restituat: eadem fratri quaedam praedia praelegavit. Quaero, an Titius ea, quae praelegata sunt, etiam pro ea parte hereditatis, quam rogatus est restituere, an integra retinere debeat? Respondi, Titium legata integra retinere debere: sed in partem quartam imputari oportere duodecimam partem

praediorum: sed si non esset adjectum, ut pars quarta deduceretur, totum trientem praediorum legi Falcidiae imputari oportere, quoniam contra sententiam matris familiae lex Falcidia induceretur.

404) *L.* 91 *eodem.* (*Marcianus.*) In quartam hereditatis, quam per legem Falcidiam heres habere debet, imputantur res, quas jure hereditario capit, non quas jure legati vel fideicommissi, vel implendae conditionis causa accipit: nam haec in quartam non imputantur. Sed in fideicommissaria hereditate restituenda, sive legatum vel fideicommissum datum sit heredi, sive praecipere, vel deducere, vel retinere jussus est, in quartam id ei imputatur: pro ea vero parte, quam accepit a coherede, extra quartam, id est quod a coherede accipitur. Sed etsi accepta pecunia hereditatem restituere rogatus sit, id quod accipit, in quartam ei imputatur, ut Divus pius constituit. Sed et quod implendae conditionis causa fideicommissum heredi datur, in eadem causa esse admittendum, sciendum est: si quid vero implendae conditionis causa heres accipiat a legatariis, in Falcidiae computationem non prodesse: et ideo si centum praedium legaverit defunctus, si quinquaginta heredi legatarius dederit: centum legatis computationem fieri, et quinquaginta extra hereditatem haberi, ne in quartam ei imputentur.

405) *L.* 24. *C. famil. hercisc.* (*III.* 36.) (*Diocletianus et Maximianus.*) Filium quem habentem fundum, portionem hereditatis fratribus, et quibusdam aliis, sub conditione verbis precariis restituere sanxit testator: post eius eventum, hereditaria parte praedii in quartae ratione retenta, compensato praeterea quod ea coheredibus vice mutua percepit, et si quid deest, in supplementum deducto, quod a ceteris in eo fundo solvitur, supra quartam habens, reddere compellitur.

406) *L.* 5. *§.* 5. *D. quando dies.* (*XXXVI.* 2.) (*Ulp.*) Item si qua conditio sit, quae per legatarium non stat, quo minus impleatur: sed aut per heredem, aut per eius personam, in cuius persona iussus est parere conditioni: dies legati cedit: quoniam pro impleta habetur, utputa si jussus sim heredi decem dare, et ille accipere nolit. Sed et si ita mihi legatum sit, si Sejam uxorem duxero, nec ea velit nubere: dicendum erit, diem legati cedere: quod per me non stat, quo minus paream conditioni sed per alium stat, quo minus impleatur conditio.

407) *L.* 1. *C. de codicillis.* (*VI.* 36.) (*Alexander.*) Rupto quidem testamento postumi agnatione, codicillos quoque ad testamentum pertinentes non valere, in dubium non venit. Sed cum post ruptum testamentum patrem pupillorum vestrorum literas emisisse proponatis, quibus praecedens judicium confirmavit: Praetor nihil contra jus fecit, si novissimam eius voluntatem se-

cutus, relictum testamento Reipublicae fideicommissum, ut ex codicillis relictum, praestandum esse pronuntiavit.

408) *L.* 3. *C. unde liberi.* (*VI.* 14.) (*Constantinus.*) Qui se patris post avum intestatum defuncti negat heredem: mortui avi paterni suscipere facultates non potest: maxime emancipatus, nisi per bonorum possessionem ad huiusmodi beneficium pervenerit.

409) *L.* 12. *pr. D. de injust.* (*XXVIII.* 3) (*Ulp.*) Postumus praeteritus vivo testatore natus decessit; licet juris scrupulositate, nimiaque subtilitate testamentum ruptum videatur, attamen si signatum fuerit testamentum, bonorum possessionem secundum tabulas accipere heres scriptus potest: remque obtinebit ut et Divus Hadrianus et Imperator noster rescripserunt. Idcircoque legatarii et fideicommissarii habebunt ea, quae sibi relicta sint, securi. Idem et circa injustum et irritum testamentum erit dicendum, si bonorum possessio data fuerit ei, qui rem ab intestato auferre possit.

410) *L.* 17. *eodem.* (*Papinianus.*) Filio praeterito, qui fuit in patris potestate, neque libertatis competunt, neque legata praestantur, si praeteritus fratribus partem hereditatis avocavit. Quod si bonis se patris abstinuit, licet subtilitas juris refragari videtur, attamen voluntas testatoris ex bono et aequo tuebitur.

411) *L.* 12. *§.* 1. *D. de bon. poss. contra tab.* (*XXXVII.* 4.) (*Gajus.*) Si prius testamentum exstet jure factum, quo filius exheredatus est: sequens imperfectum, in quo praeteritus sit filius: posteriore testamento praeteritus recte petet bonorum possessionem, si remoto quoque filio potiores sunt in ea hereditate posteriore testamento scripti heredes: et ita jus habet, ut cum is, contra quem filius petit bonorum possessionem, amoto filio possit obtinere hereditatem, filius quoque recte videatur petere bonorum possessionem: si vero ille non possit obtinere hereditatem, filius quoque excludatur.

412) *L.* 9. *C. qui admitti.* (*VI.* 9.) (*Constantinus.*) Ut verborum inanium excludimus captiones: ita hoc observari decernimus, ut apud quemlibet judicem, vel etiam apud Duumviros, qualiscunque testatio amplectendae hereditatis ostendatur, statutis prisco jure temporibus coarctanda, eo addito, ut etiamsi intra alienam vicem, id est prioris gradus, properantius exeratur, nihilo minus tamen efficaciam parem, quasi suis sit usa curriculis, consequatur.

413) *§.* 6. 7. *J. de bon. poss.* (*III.* 9.) In petenda autem bonorum possessione dies utiles singuli considerantur. — Sed bene anteriores Principes et huic causae providerunt, ne quis pro petenda bonorom possessione curet: sed quocunque modo si ad-

mittentis eam iudicium, intra statuta tamen tempora, ostenderit plenum habeat earum beneficium.

414) *L.* 7. *§*. 3. *C. de curat. furiosi.* (*V.* 70.) (*Justinianus.*) .... Cum petitio bonorum possessionem Constantiana lege sublata sit, et ab ea introducta observatio quae pro antiqua sufficit petitione. ....

415) *L.* 1. *pr. D. quorum bonorum.* (*XLIII.* 2.) (*Ulp.*) Ait Praetor: quorum bonorum ex edicto meo illi possessio data est: quod de his bonis pro herede aut pro possessore possides, possideresve, si nihil usucaptum esset: quod quidem dolo malo fecisti, uti desineres possidere: id illi restituas.

416) *L.* 2. *pr. §.* 1. 2. 4. *D. de cap. minutis.* (*IV.* 5.) (*Ulp.*) Pertinet hoc edictum ad eas capitis deminutiones, quae salva civitate contingunt; ceterum sive amissione civitatis, sive libertatis amissione contingat capitis deminutio cessabit edictum: neque possunt hi penitus conveniri: dabitur plane actio in eos, ad quos bona pervenerunt eorum. — Ait Praetor: qui quaeve, posteaquam quid cum his actum, contractumve sit, capite deminuti deminutae esse dicentur, in eos easve perinde quasi id factum non sit iudicium dabo. — Hi, qui capite minuuntur, ex his causis, quae capitis deminutionem praecesserunt, manent obligati naturaliter: ceterum si postea, imputare quis sibi debebit, cur contraxerit, quantum ad verba huius edicti pertinet. Sed interdum, si contrahatur cum his post capitis deminutionem, danda est actio, Et quidem, si adrogatus sit, nullus labor: nam perinde obligabitur, ut filiusfamilias. — Ei qui debitorem suum adrogavit, non restituitur actio in eum, postquam sui iuris fiat.

417) *L.* 3. *§.* 4. *D. de minor.* (*IV.* 4.) (*Ulp.*) Ego autem verissimam arbitror sententiam existimantium, filiumfamilias minorem annis in integrum restitui posse ex his solis causis, quae ipsius intersint: puta, si sit obligatus. Proinde si iussu patris obligatus sit: pater utique poterit in solidum conveniri: filius autem, cum et ipse possit vel in potestate manens conveniri, vel etiam emancipatus, vel exheredatus, in id, quod facere potest, et quidem in potestate manens, etiam invito patre ex condemnatione conveniri, auxilium impetrare debebit, si ipse conveniatur.

I. CORP. JUR. CIV.

A. Institutiones.

De p. p. I. 9.
§. 1. (335.)
De nupt. I. 10.
§. 4. (339.)
De cap. dem. I. 16.
§. 3. 4. (7.)
De curat. I. 23.
pr. et §. 2. (394.)
De div. rer. II. 1.
§. 35. (51.)
De serv. II. 3.
§. 4. (103.)
De usufr. II. 4.
§. 1. (104.)
§. 3. (111.)
De bon. poss. III. 9.
§. 6. 7. (413.)
Quib. m. re. III. 15.
§. 4. (327.)
De emt. III. 24.
§. 3. (238.)
De leg. Aq. IV. 3.
§. 16. (206 a.)
De act. IV. 6.
§. 4. (68.)
§. 30. (219.)
De off. jud. IV. 17.
§. 2. (50.)

B. Digesta.

De adopt. I. 7.
L. 5. (377.)
De inj. voc. II. 4.
L. 4. §. 3. L. 5. (9.)
De pact. II. 14.
L. 7. §. 3. (197.)
L. 7. §. 4. (152.)
L. 17. pr. (248.)
L. 27. §. 4. (198.)
L. 38. (199.)
L. 45. (60.)
L. 48. (31.)
L. 61. (29.)
De transa. II. 15.
L. 1. (268.)
L. 3. §. 1. (274.)
L. 6. (271.)
L. 14. (273.)
De neg. gest. III. 5.
L. 28. (310.)
L. 31. pr. (317.)
Quod met. IV. 2.
L. 9. §. 3. (293.)
L. 9. §. 8. (294.)
L. 21. §. 1. (296.)
L. 21. §. 5. (183.)
De Dolo IV. 3.
L. 7. §. 7. (207.)
L. 18. §. 3. (186.)
De minor. IV. 4.
L. 1. §. 3. (391.)
L. 2. (392.)
L. 3. pr. (393.)
L. 3. §. 4. (417.)
De cap. min. IV. 5.
L. 2. p. §. 1. 2. 4. (416.)
L. 3. p. §. 1. (8.)
L. 10. (95.)
Ex q. caus. maj. IV. 6.
L. 30. pr. (67.)
De recept. IV. 8.
L. 32. §. 3. (276.)
De her. pet. V. 3.
L. 20. §. 10. (380.)
De rei vind. VI. 1.
L. 1. §. 2. (376.)
L. 9. (15.)
L. 18. (45.)
L. 23. §. 2. (37.)
L. 23. §. 5. (38.)
L. 25. (41.)
L. 36. (46.)

L. 41. pr. (35.)
L. 46. (43.)
L. 47. (44.)
L. 66. (34.)
L. 68. (42.)
L. 72. (72.)
L. 80. (40.)
De p. in rem act. VI. 2.
L. 1. (69.)
L. 11. §. 1. (100.)
De usufr. VII. 1.
L. 3. pr. (102.)
L. 9. §. 7. (85.)
L. 13. §. 5. (87.)
L. 15. §. 7. (88.)
L. 16. (89.)
L. 25. §. 7. (105.)
L. 27. §. 4. 5. (90.)
L. 58. pr. (86.)
Quib. m. usufr. VII. 4.
L. 1. pr. (101.)
De usufr. ea. rer. VII. 5.
L. 5. §. 2. (94.)
Si usufr. VII. 6.
L. 5. pr. (98.)
De usu. VII. 8.
L. 1. §. 1. (91.)
L. 2. pr. (92.)
L. 22. pr. (93.)
De serv. VIII. 1.
L. 8. pr. (82.)
L. 15. §. 1. (74.)
L. 20. (75.)
De serv. p. urb. VIII. 2.
L. 4. (84.)
L. 6. (79.)
L. 20. pr. (78).
L. 32. §. 1. (80.)
Comm. praed. VIII. 4.
L. 13. pr. (81.)
Si serv. VIII. 5.
L. 6. §. 1. (96.)
L. 8. §. 3. (97.)
L. 10. pr. (108.)
Ad L. aquil. IX. 2.
L. 31. (164.)
L. 33. §. 1. (203.)
L. 40. (205.)
Fin. reg. X. 1.
L. 1. (265.)
Fam. herc. X. 2.
L. 25. §. 16. (266.)
L. 29. (137.)
Comm. div. X. 3.
L. 10. pr. (267.)
Ad exh. X. 4.
L. 3. §. 15. (16.)
L. 6. (39.)
L. 19. (321.)
De reb. cred. XII. 1.
L. 3. (249.)
L. 4. pr. (320.)
L. 5. (158.)
L. 11. §. 1. (246.)
L. 14. (250.)
L. 15. (247.)
L. 23. (47.)
De in l. jur. XII. 3.
L. 2. §. 1. (172.)
L. 3. (174.)
L. 4. §. 2. (173.)
De c. c. dat. XII. 4.
L. 3. §. 2. (254.)
L. 5. pr. (255.)
L. 16. (230.)
De cond. ind. XII. 6.
L. 6. pr. (307.)
L. 15. §. 1. (306.)
L. 26. §. 3. (298.)
L. 26. §. 12. (296 b.)
L. 28. (223.)
L. 29. (304.)
L. 30. (221.)
L. 38. pr. (297.)
L. 40. pr. (300.)
L. 44. (303.)
L. 60. pr. (222.)
L. 64. (299.)
L. 65. pr. (269.)
L. 65. §. 2. (193.)
L. 65. §. 7. (296 c.)
L. 65. §. 8. (305.)
L. 65. §. 9. (301.)
De cond. furt. XIII. 1.
L. 7. §. 2. (289.)
L. 8. pr. (291.)
L. 17. (292.)
L. 20. (290.)
De eo q. c. loc. XIII. 4
L. 4. §. 1. (156.)
Commod. XIII. 6.
L. 5. §. 2. (166.)
L. 18. pr. (245 a.)
De pignor. act. XIII. 7.
L. 13. §. 1. (328.)
L. 29. (120.)

L. 41. (125.)
De Scto Mac. XIV. 6.
L. 3. §. 4. (6.)
De compens. XVI, 2.
L. 4. (220.)
L. 6. (216.)
L. 14. (217.)
Depositi. XVI. 3.
L. 1. §. 11. (318.)
L. 32. (165.)
Mandati. XVII. 1.
L. 6. §. 2. (312.)
L. 6. §. 4. (308.)
L. 8. §. 6. (309.)
L. 10. §. 5. (316.)
L. 18. (313.)
L. 20. §. 1. (311.)
L. 41. (314.)
L. 57. (319.)
Pro soc. XVII. 2.
L. 17. §. 1. (263.)
L. 30. (256.)
L. 52. §. 2. (259.)
L. 60. pr. (258.)
L. 68. pr. (261.)
L. 72. (260.)
L. 74. (257.)
L. 82. (262.)
De contr. emt. XVIII. 1.
L. 1. pr. (225.)
L. 10. (191.)
L. 11. §. 1. (188.)
L. 14. (189.)
L. 16. pr. (226.)
L. 26. §. 1. (229.)
L. 34. §. 4. (227.)
L. 45. (192.)
L. 62. §. 2. (237.)
De peric. XVIII. 6.
L. 2. §. 1. (236.)
L. 3. (235.)
L. 11. (163.)
L. 19. (171.)
De act. em. XIX. 1.
L. 11. §. 2. (228.)
L. 5. §. 1. (194.)
L. 21. §. 3. (170.)
L. 50. (232.)
Locati XIX. 2.
L. 13. §. 11. (245.)
L. 22. §. 1. (239.)
L. 25. §. 7. (240.)
L. 36. (241.)
L. 52. (190.)
De aestim. XIX. 3.
L. 1. §. 1. (253.)
De prae. v. XIX. 5.
L. 1 §. 1. (251.)
L. 5. (252.)
L. 11. (204.)
L. 25. (296 d.)
De pign. XX. 1.
L. 1. pr. (123.)
L. 1. §. 2. (118 a.)
L. 18. (119.)
L. 21. §. 1. (126.)
L. 27. (147.)
L. 31. (36.)
Qui p. in p. XX. 4.
L. 2. (139.)
L. 3. §. 2. (122.)
L. 7. §. 1. (129.)
L. 8. (131.)
L. 9. §. 3. (127.)
L. 11. §. 2. (128.)
L. 12. §. 4. (140.)
L. 14. (121.)
L. 21. §. 1. (132.)
De dist. p. XX. 5.
L. 2. (136.)
L. 5. §. 1. (134.)
L. 6. (135.)
L. 7. §. 2. (32.)
Q. m. p. XX. 6.
L. 6. pr. (144.)
L. 9. §. 1. (142.)
L. 10. §. 1. (130.)
L. 12. pr. (141.)
L. 12. §. 1. (138.)
L. 13. (146.)
De aed. Ed. XXI. 1.
L. 31. §. 11. (233.)
L. 31. §. 20. (333.)
L. 48. §. 8. (334.)
De evict. XXI. 2.
L. 2. (332.)
L. 37. pr. §. 1. (331.)
L. 41. pr. (330.)
De exc. r. v. XXI. 3.
L. 2. (71.)
L. 3. §. 1. (70.)
De usur. XXII. 1.
L. 1. pr. (176.)
L. 1. §. 3. (175.)
L. 17. §. 4. (160.)
L. 32. pr. (157.)

De rit. nupt. XXIII. 2.
L. 1. (336.)
L. 5. (342.)
L. 21. (340.)
L. 22. (341.)
L. 33. (273.)
De jur. dot. XXIII. 3.
L. 6 §. 2. (348.)
L. 7. pr. §. 1. (351.)
L. 17. pr. (357.)
L. 20. (346.)
L. 21. (343.)
L. 22. (344.)
L. 23. (345.)
L. 25. (54.)
L. 26. (55.)
L. 27. (56.)
L. 54 (58.)
L. 75 (350.)
L. 76. (347.)
De pact. dot. XXIII. 4.
L. 5. pr. (374.)
L. 12. §. 1. (368.)
L. 16. (369.)
L. 20. §. 1. (371.)
L. 21. (53.)
L. 28. (359.)
L. 31. (360.)
De fund. dot. XXIII. 5.
L. 16. (349.)
De don. int. v. XXIV. 1.
L. 9. §. 2. (361.)
L. 10. (362.)
L. 15. pr. (365.)
L. 25. (367.)
L. 26. pr. (18.)
L. 28. §. 2. (364.)
L. 33. §. 1. (366.)
L. 44. (363.)
De div. XXIV. 2.)
L. 5. (354.)
Sol. mat. XXIV. 3.
L. 7. §. 1. (352.)
L. 22. §. 1. (353.)
L. 24. §. 5. (358.)
L. 29. pr. (372.)
De test. tut. XXVI. 2.
L. 12. (383.)
L. 13. (384.)
L. 14. (385.)
De adm. et per. XXVI. 7.
L. 2. pr. (180.)
L. 10. (388.)
L. 32. §. 6. (387.)
L. 33. pr. (389.)
L. 50. (390.)
De tutel. XXVII. 3.
L. 1. pr. (386.)
L. 9. §. 1. (382.)
Qui test. fac. XXVIII. 1.
L. 5. (27.)
De injusto XXVIII. 3.
L. 12. pr. (409.)
L. 17. (410.)
De cond. inst. XXVIII. 7.
L. 15. (196.)
Test. q. a. m ap. XXIX. 3.
L. 1. (272.)
De leg. XXX.
L. 34. §. 12. (402.)
L. 108. §. 12. (167.)
De leg. 2. XXXI.
L. 41. pr. (401.)
De leg. 3. XXXII.
L. 49. §. 4. (337.)
De dot. prael. XXXIII. 4.
L. 1. p. §. 1. (370.)
De alim. leg. XXXIV. 1.
L. 14. §. 3. (83.)
De reg. Cat. XXXIV. 7.
L. 1. pr. (400.)
De condic. XXXV. 1.
L. 24. (14.)
Ad leg. Fal. XXXV. 2.
L. 22. pr. (399.)
L. 86. (403.)
L. 91. (404.)
Quando d. XXXVI. 2.
L. 5. §. 5. (406.)
De b. p. c. t XXXVII. 4.
L. 12. §. 1. (411.)
De obs. par. XXXVII. 15.
L. 2. pr. (10.)
De op. n. n. XXXIX. 1.
L. 1. §. 16. 17. 18. (322.)
L. 5. §. 10. (323.)
L. 15. (99.)
De dam. inf. XXXIX. 2.
L. 6. (280.)
L. 7. §. 2. (286.)
L. 8. (287.)
L. 9. §. 3. (288.)
L. 15. §. 26. 27. (115.)
L. 21. (282.)
L. 26. (281.)
L. 27. (285.)

L. 33. (283.)
L. 34. (284.)
L. 38. pr. (234.)
De donat. XXXIX. 5.
L. 9. §. 2. (277.)
L. 18. pr. (279.)
De ad. r. d. XLI. 1.
L. 20. pr. (52.)
L. 31. pr (59.)
L. 53. (1)
De a. v. a. p. XLI. 2.
L. 3. §. 13 (24.)
L. 18. pr (21.)
De usurp. XLI. 3.
L. 4. §. 29. (106.)
L. 5. (66.)
L. 6. (25.)
L. 7. (26.)
L. 10. §. 1. (107.)
L. 16. (17.)
L. 27. (64.)
L. 44. §. 5. (118.)
Pro emt. XLI. 4.
L. 11. (65.)
Pro Don. XLI. 6.
L. 1. §. 2. (20.)
De re jud. XLII. 1.
L. 13. §. 1. (154.)
Quor. bon. XLIII. 2.
L. 1. pr. (415.)
De vi XLIII. 16.
L. 1. §. 9. 10. (19.)
De it. ac. pr. XLIII. 19.
L. 1. §. 6. (76.)
L. 7. (77.)
De arb. caed. XLIII. 27.
L. 1: p. §. 1. 2. (323 a.)
L. 1. §. 7. 8. 9. (323 b)
L. 2. (323 c.)
De gl. leg. XLIII. 28.
L. 1. pr. (323 d.)
De exc. r. j. XLIV. 2.
L. 7. §. 4. (1 a.)
L. 11. §. 5. (3.)
L. 14. §. 2. (2.)
L. 30 §. 1. (143.)
De div. t praes. XLIV. 3.
L. 2. (28.)
De dol. exc. XLIV. 4.
L. 4. §. 3. (275.)
L. 4. §. 13. (209.)
L. 4. §. 27. (178)
L. 4. §. 31. (208.)
L. 4. §. 32. (73.)
L. 4. §. 33. (295.)
De o. et a. XLIV. 7.
L. 1. §. 7. 8. (329.)
L. 3. pr. (148.)
L. 11. (179)
L. 17. (211.)
L. 43. (398.)
L. 46. (182.)
L. 57. (187.)
De verb. ob. XLV. 1.
L. 13. §. 1. (155.)
L. 41. §. 1. (195.)
L. 75. §. 10. (231.)
L. 101. (396.)
L. 137. §. 2. (164 a.)
L. 137. §. 4. (169.)
L. 138. §. 1. (155.)
L. 141. §. 2. (397.)
De fidej. XLVI. 1.
L. 10. §. 2. (379.)
L. 16. §. 4. (153.)
L. 56. §. 1. (381.)
De nov. XLVI. 2.
L. 11. pr. (214.)
L. 29. (213 a.)
De solut. XLVI. 3.
L. 38. pr. (212.)
L. 61. (210.)
L. 76. (177.)
L. 93. pr. (215.)
L. 95. §. 4. (151.)
De accept. XLVI. 4.
L. 19. §. 1. (213.)
R. rem hab. XLVI. 8.
L. 8. §. 1. (224.)
De tig. j. XLVII. 3.
L. 1. §. 2. (324.)
De injur. XLVII. 10.
L. 18. pr. (325.)
Ad l. Cor. de s. XLVIII. 8.
L. 2. (378.)
De ju. fis. XLIX. 14.
L. 28. (133.)
De v. sign. L. 16.
L. 103. (12.)
De reg. jur. L. 17.
L. 23. (168.)
L. 27. (201.)
L. 45. §. 1. (200.)
L. 53. (302)
L. 66. (150.)
L. 84. §. 1. (149.)
L. 116. pr. (184.)
L. 151. (206.)

L. 153. (22.)
L. 161. (13.)

C. Codex.

De pact. II. 3.
L. 20. (61.)
De transa. II. 4.
L. 38. (270.)
De in int. rest. m. II. 22.
L. 3. (395.)
In q. c. in int. II. 41.
L. 3. (162.)
L. 5. (5.)
De inoff. test. III. 28.
L. 27. (11.)
De rei vind. III. 32.
L. 22. (49.)
De usufr. III. 33.
L. 16 §. 1. (113.)
De serv. III. 34.
L. 1. (109.)
L. 2. (110.)
L. 13. (114.)
Fam. herc. III. 36.
L. 24. (405.)
Comm. ut. jud. III. 38.
L. 3. (264.)
Fin reg. III. 39.
L. 5. (62.)
L. 6. (63.)
De cond. ob c. d. IV. 6.
L. 3. (30.)
De compens. IV. 31.
L. 2. (218.)
Mand. IV. 35.
L. 13. (315.)
L. 21. (315 a.)
De resc. vend. IV. 44.
L 10. (185.)
De act. emt. IV. 49.
L. 5. (161.)
De reb al. non al. IV. 51.
L. 1. (48.)
L. 7. (33.)
Locati. IV. 65.
L. 3. (244.)
L. 25. (242.)
L. 28. (243.)
De don. a. nupt. V. 3.
L. 18. (375.)
De nupt. V. 4.
L. 17. (338.)
De dot. prom. V. 11.
L. 4. (307 a)
De jur. dot. V. 12.
L. 6. (356.)
L. 12 (57.)
Sol mat. V. 18.
L. 4. (355).
Arb. tut. V. 51.
L. 7. (386 a)
De cur. fur. V. 70.
L. 7. §. 3. (414.)
Qui admitti. VI. 9.
L. 9. (412.)
Unde lib. VI. 14.
L. 3. (408.)
De cod. VI. 36.
L. 1. (407)
De adq. poss. VII. 32.
L. 1. (23)
De praesc. XXX. VII. 39.
L. 3. (4.)
L. 8. pr. §. 1. (61 a.)
De praecar. VIII. 9.
L. 1. (116.)
Si al. res. VIII. 16.
L. 5. (124.)
L. 6 (117.)
De luit. pig. VIII. 31.
L. 2. (145)
De contr. et comm. st. VIII. 38.
L. 10. (181.)
L. 12. (159.)
De inut. stip. VIII. 39.
L. 2. (202.)
De revoc. don. VIII. 56.
L. 8. (278)
De injur. IX. 35.
L. 5. (326.)

II. CORP. JUR. CAN.

Decret. Grat.
c. 3. C. 3. qu. 1. (296 a.)

FSC
www.fsc.org
MIX
Papier | Fördert
gute Waldnutzung
FSC® C083411

Kolibri 360 GmbH
Ferdinand-Jühlke-Straße 7
99095 Erfurt, Deutschland
produktsicherheit@kolibri360.de